ΔΗΜΗΤΡΙΟΥ ΖΩΓΡΑΦΟΥ

ΥΠΟΜΝΗΜΑΤΙΑ
ΠΛΑΤΩΝΙΚΗΣ ΘΕΩΡΙΑΣ
ΚΑΙ ΒΙΟΤΗΣ

ΒΙΒΛΙΑ Α΄, Β΄ ΚΑΙ Γ΄

ΑΘΗΝΗΣΙ

© 2023 Δημήτριος Ζωγράφος

Έκδοσι πρώτη, Ἀπρίλιος 2023

ISBN 978-618-84740-3-1

Δημήτριος Ζωγράφος
Θεμιστοκλέους 3, Ἄλιμος 174 55
Ἀθήνα, Ἑλλὰς

ΒΙΒΛΙΟΝ ΠΡΩΤΟΝ

α΄. Ἱκετεύω τὸν δεσπότη θεό, τὸν Δία πατέρα, 'νὰ μὲ συνδράμῃ 'νὰ καθαρθῶ ἀπὸ τὸ σῶμα καὶ τὴν ἐνσώματη ἀλογία, 'ν' ἀπαλλαγῶ ἀπὸ τὴν κακία, τὴν ἀδικία, τὴν σαρκικὴ ἐπιθυμία, τὴν ὀργή, τὸν φόβο, τὸν φθόνο, τὴν λύπη καὶ ὅ,τι ἄλλο βλάπτει καὶ βαρύνει τὴν ἀνθρώπινη ψυχή, βυθίζοντάς την 'ς τὸν ἀνήλιον πυθμένα τῆς γενέσεως.

β΄. Διάγουμε, καθὼς λέγει ὁ θεῖος Πλάτων, 'ς τὸν ἄπειρο πόντο τῆς ἀνομοιότητος, 'ς τὸ κατάγειο σπήλαιο καὶ τὴν ἀφώτιστη περιοχή.

γ΄. Περιστρέφεται ἀπερίστρεπτα, ἀργὰ καὶ ἐπιβλητικά, ἀνέλκοντας τὰ πάντα 'ς τὴν ἀπερίληπτη ἐν κινήσει ἀκινησία του· ὁτιδήποτε ἄλλο εἶναι ἀδύνατον 'νὰ λεχθῇ περὶ αὐτοῦ.

δ΄. Ὅταν συναγερμένη ἀπὸ τὸ σῶμα ἡ ψυχὴ οἰκῇ μόνη 'ς τὸν ἑαυτό της, ἐμφαίνεται ὡς ζωὴ πλήρης, ἄπειρη καὶ ἀκατάλυτη 'ς τὴν ὁποίαν κάτι βαρύ,

δυσκίνητο καὶ ὀλιγοχρόνιο -τὸ σῶμα-
ἔχει προσκολληθῇ.

ε΄. Διὰ τῆς ἐρημίας, τῆς ἀκινησίας, τῆς
ἡσυχίας, τῆς σιωπῆς, τῆς ἀνασχέσεως
τῶν αἰσθήσεων, τῆς ἀποθέσεως τῶν
ἀναμνήσεων, τῆς ἀποδιώξεως τῶν
φαντασιῶν, τῆς ἠρεμίσεως τῆς διάνοι-
ας ἐπανευρίσκει ἡ ψυχὴ τὴν ἀγένητη,
ἀσώματη, ἀνώλεθρή της φύσι.

ϛ΄. Τὸ σῶμα ᾽δὲν εἶναι τὸ συμπαγὲς
σύνολο τὸ ὁποῖο νομίζουν ὅτι εἶναι οἱ
πολλοί, ἀλλ᾽ ἕνα πλῆθος ἀσώματων
ποιῶν ἐμφαινομένων ἐντὸς τῆς ψυχῆς.

ζ΄. Ὅσο μελετοῦμε τὸν θάνατο -ζοῦμε
δηλαδὴ κατὰ τὸ δυνατὸν χωριστὰ ἀπὸ
τὸ σῶμα- τόσο αἰσθανόμαστε ᾽νὰ λύε-
ται ὁ δεσμός μας ἀπ᾽ αὐτὸ καὶ ἀπὸ
ὅ,τι νομίζαμε ὅτι ἤμασταν πρὶν ὁ δε-
σμὸς αὐτὸς λυθῇ.

η΄. Τρίχες, ᾽νύχια, ᾽δόντια, δέρμα,
σάρκες, χόνδροι, ὀστᾶ, ἐντόσθια,

φλέβες, νεῦρα, σάλια, μύξες, λίπη, αἷ-
μα, φλέγμα, πύο, χολή, μυελός, ἱδρώ-
τας, οὖρα, περιττώματα· ἰδοὺ τί εἶναι
τὸ σῶμα, ὅταν τὸ εἶδος τοῦ ἀφαιρεθῇ.

θ΄. Ἄν φέρουμε 'ς τὸν νοῦ -ἔχοντας
εὑρεῖ ἕναν τόπον ἥσυχο καὶ καθίσει
καὶ ἀσφαλίσει τοὺς ὀφθαλμοὺς καὶ
φυλάξει τὶς αἰσθήσεις καὶ ἀποδιώξει
τὶς φαντασίες καὶ ἠρεμίσει τὴν διάνοι-
α- τὴν ἔννοια τῆς ἑνότητας, ἂν τὴν
γνωρίσουμε ὄχι κατὰ συλλογισμόν,
ἀλλὰ κατ' ἐπιβολήν, ἂν ἀφεθοῦμε 'ς
αὐτὴν ὁλοτελῶς, ἐπαναχθέντες ἀπὸ
τὴν διάνοια 'ς τὸν νοῦ καὶ ἀπὸ τὸν
νοῦ 'ς τὸ ἀγαθό, τότ' εὐθὺς θα ἐλλαμ-
φθοῦμε, θὰ ἐνισθοῦμε καὶ θὰ ἐνωθοῦ-
με, ἀναστρεφόμενοι 'ς τὴν ὑπερούσια,
ὑπεράρρητη, ὑπερουράνια πηγή.

ι΄. Ἐπέκεινα τῆς σωματότητας εἶναι
μόνο φῶς.

ια΄. Ἄς γίνη ἡ ψυχή -ἔχοντας φυλάξει
τὶς αἰσθήσεις, ἀποδιώξει τὶς φαντασί-

ες, ἠρεμίσει τὴν διάνοια- ὅλη νοῦς καὶ ἃς ἐννοήσῃ τὴν ἑνότητα, ἃς τὴν ἐγγίσῃ διὰ συνεχῶν νοερῶν ἐπιβολῶν, ἃς πλησθῇ ἀπ᾽ αὐτήν, ἃς τῆς ὁμοιωθῇ καὶ ἔχοντας ἀθροισθῇ καὶ ἑνισθῇ ἃς ἑ- νωθῇ μὲ τὸν θεὸ ἀπερινόητα, ἀπερίλη- πτα καὶ μυστικά.

ιβ΄. Εἶναι μία ἡσυχία ἐντὸς τῆς ἡσυ- χίας καὶ μία σιωπὴ ἐντὸς τῆς σιωπῆς.

ιγ΄. Ὅπως φέρουμ᾽ ἐντός μας ἕνα ἴ- χνος τοῦ ὑπεράνω τοῦ ὄντος μὴ ὄντος, ὁμοίως φέρουμε καὶ τοῦ ὑποκάτω του.

ιδ΄. Εἶναι ἄπειρο καὶ διατρέχει τὰ πάντα· ὑπάρχοντας πρὶν ἀπὸ τὰ πάν- τα, εἶναι τὰ πάντα καὶ τί ποτε· εἶναι παντοῦ καὶ πουθενά, ἀναπλώνεται αἰ- ώνια, ἐμφαίνεται δὲ ἐντὸς τῆς ψυχῆς ὡς ἀπερίγραφος, ἀπερινόητος βυθός.

ιε΄. Ὅταν τὸ ἕνα συναισθάνεται τὸν ἑ- αυτό του, γίνεται δυάδα· ὅταν ἡ δυάδα τριάδα· ὅταν ἡ τριάδα ἐννεάδα· ὅταν

ἡ ἐννεάδα εἰκοσιεπτάδα καὶ οὕτω κά-
θεξῆς.

ις΄. Διαμαρτάνουμε ὑπολαμβάνοντας
τὸ ἐπέκεινα τῆς οὐσίας ἀγαθὸ ὡς ἕνα
ἀκόμη ὄν -ἔστω καὶ τὸ ὑψηλότατο· δι-
ότι 'δὲν εἶναι ἕνας ἀσύλληπτος, ἀ-
πρόσιτος θεὸς ἔξω καὶ πέρα ἀπὸ τὰ
πάντα, ἀλλ᾽ ἡ πρώτη τρόπον τινὰ ἑνό-
τητα τῶν πάντων πρὶν ἀκόμη ἐκφα-
νοῦν καὶ ἡ ἴδια ἡ ἑνότητα μετὰ τὴν ἔκ-
φανσί τους· ὥςτε ἇς μὴ λέγεται μήτε
ὄν μήτε μὴ ὄν, μήτε εἶναι μήτε μὴ
εἶναι, μήτε οὐσία μήτε ἀνουσιότητα.

ιζ΄. Ἐὰν ἡσυχάσουμε ἔχοντας ἐνίσει
τὴν ψυχὴ ἐν σιγῇ μυστικῇ, τὸ θεῖο τοῦ
παντὸς θ᾽ ἀναφανῇ ἐντός μας ὡςὰν
ἄλλος ἀληθινώτερος ἑαυτός.

ιη΄. Τριχῶς δύναται ἡ ψυχὴ 'νὰ προς-
εγγίσῃ τὸ ἀγαθό· εἴτε δι᾽ ἀρνήσεων
καὶ ἀναλογιῶν, εἴτε διὰ τοῦ ἑνισμοῦ
ἐν σιγῇ μυστικῇ, εἴτε διὰ τῆς ἐρωτικῶς
ἐπαναλαμβανόμενης ἐπικλήσεως τοῦ

ὀνόματος τοῦ ἑνός.

ιθ΄. Ἐμφαίνεται ἐντός μας ὡσὰν μία βαθιά, ἀπέραντη ἡσυχία, μεταδίδοντας ἑνότητα, ἀπειρία καὶ αἰωνιότητα· ἡσυχάζουμ᾽ ἐντός του, ἀναπαυόμενοι ᾽ς τὴν ἀπερίγραπτη, ἀπερίληπτη, μυστική του παρουσία.

κ΄. Ἐὰν ἔχοντας συναγερθῇ καὶ ἡσυχάσει καὶ σιωπήσει φέρουμε τὸν νοῦ ᾽ς τὸ ἕνα τῆς ψυχῆς, εὐθὺς θ᾽ ἀναθαλφθοῦμε, θ᾽ ἀναχθοῦμε, θὰ ἑνισθοῦμε καὶ πᾶσα ἑτερότητα θ᾽ ἀπολεσθῇ.

κα΄. Ἐὰν ἡ ψιλὴ συναίσθησι εἶναι τοῦ ἑνός, ἡ συναίσθησι τοῦ ὅλου εἶναι τοῦ νοῦ, τοῦ μέρους τῆς ψυχῆς καὶ ἡ ἀσυναισθησία τῆς ὕλης.

κβ΄. Ἄπειρο καὶ ἑνιαῖο τὸ ἀντιλαμβάνεται προσεγγίζοντάς το ἑνισμένη ἡ ψυχὴ καὶ ὅσο ἐγγύτερά του ἔρχεται τόσο περισσότερο ἀδυνατεῖ ᾽ν᾽ ἀντιληφθῇ ἂν ἧναι ἐντός του ἢ ἐκτός, ἐγγύς

του ἢ μακράν, ἂν ἦναι ἡ ἴδια της ἡ φύ-
σι ἢ ἄλλο τι· ἐν τούτοις ὁ ἔρωτάς της
πρὸς ἐκεῖνο γιγαντώνεται, ἕως ὅτου
γίνεται ὅλη ἔρωτας (ὥςτε ἀπορεῖ ἂν ἦ-
ναι ἡ φύσι της ὁ ἔρωτας τελικῶς) καὶ
κατ' ὀλίγον συνενωμένη ἀφομοιώνε-
ται, ἐπανευρίσκοντας τὸν ἑαυτό της ἀ-
συναίσθητα μόνο κατὰ τὴν ἐπιστροφή.

κγ΄. Ἐὰν ποθοῦμε 'νὰ ἐπανέλθουμε 'ς
τὸ πρῶτο καὶ ἀγαθό, μόνο διὰ τῆς
παντελοῦς ἀφέσεως, τῆς παντελοῦς
παραδόσεως καὶ τῆς παντελοῦς ἐγκα-
ταλείψεως θὰ τὸ ἐπιτύχουμε· διότι οὐ-
δέποτε θὰ ἐνωθοῦμε, ἐὰν μὴ πρῶτα
τοῦ ἀφεθοῦμε, τοῦ παραδοθοῦμε καὶ
τοῦ ἐγκαταλειφθοῦμε.

κδ΄. Ὁπουδήποτε ἐκφαίνεται ἡ ἑνότη-
τα, ἐκφαίνεται καὶ ὁ θεός· διότι 'δὲν
εἶναι ἕνα ἀκόμη ὃν μεταξὺ ἄλλων, ἀλ-
λ' ὁ ἴδιος ὁ τρόπος τῆς ὑπέρλογης, ὑ-
πέρνοης, ἐνοειδοῦς ὑπάρξεως.

κε΄. Ὄχι μόνον ἄυλες νοήσεις καὶ νοε-

ρὲς ἐπιβολές, ἀλλὰ καὶ ἀκολουθίες τι-
νὲς λογισμῶν εἶναι δυνατὸν 'νὰ ὁδη-
γήσουν τὴν ψυχὴ 'ς τὴν ἔκστασι.

κς΄. Τὸ φυτικὸ μέρος τῆς ψυχῆς στρέ-
φεται πρὸς τὸ σῶμα, τὸ αἰσθητικὸ
πρὸς τὰ ἔξω καὶ τὸ νοητικὸ πρὸς τὸν
ἑαυτό του.

κζ΄. Κατὰ τὴν ἄνοδο θεωρεῖται πρῶτα
ἡ ἑνότητα ἐντὸς τῶν πάντων, κατόπιν
ἡ ἑνότητα τῶν πάντων ἐντὸς τῶν πάν-
των, τέλος δὲ ἡ ἀρχὴ καὶ πηγὴ καὶ αἰ-
τία τῆς ἑνότητας.

κη΄. Ψυχὴ εἶναι ἡ συναίσθησι τῶν ἔ-
ξω, νοῦς τοῦ ἑαυτοῦ, ἕνα δὲ ἡ πηγὴ
τῆς συναισθήσεως.

κθ΄. Τόσο ὑπερχειλίζει ἡ ψυχὴ οἰκῶν-
τας μόνη 'ς τὸν ἑαυτό της, ὥστε εἶναι
ἀδύνατον 'νὰ τὴν χωρέσῃ πλέον τὸ
σῶμα.

λ΄. Νοῦς εἶναι τὸ φῶς τῆς συναισθήσεως, διάνοια δὲ ἡ θραῦσις τοῦ νοῦ.

λα΄. Ἐλπίζουμε ζῶντας ἐνάρετα καὶ λογικὰ 'ν' ἀπαλλαγοῦμε ἀπὸ τὸ βαρὺ ἐτοῦτο σῶμα τὸ ὁποῖο ἐλάβαμε κάποτε ἐκπίπτοντας 'ς τὴν γένεσι, ἐπανερχόμενοι τὸ συντομώτερο δυνατὸν 'ς τὴν ἀρχαία ὑπερουράνιά μας πατρίδα.

λβ΄. Μέγα μυστήριο ὁ ἐνισμὸς τῆς ψυχῆς, ἡ δὲ ἕνωσι ἡ ἱερώτερη στιγμή της· διότι κατ᾽ αὐτὴν κινεῖται ἐπέκεινα τῆς νοήσεως, τῆς συναισθήσεως καὶ τῆς προσοχῆς, ἐγγίζοντας τὰ ὅρια τῆς ἐνσώματης ζωῆς της.

λγ΄. Ὅταν ἤμαστ᾽ ἐκεῖ ἂς προςέξουμε μὴ αἰσθανθοῦμε, μὴ φαντασθοῦμε, μὴ ἀναμνησθοῦμε καὶ μὴ λογισθοῦμε· διότι οἱ αἰσθήσεις, οἱ φαντασίες, οἱ ἀναμνήσεις καὶ οἱ λογισμοὶ εἶναι τῆς ἐνσώματης ζωῆς, ἀποκρημνίζουν δὲ τὴν ψυχὴ καὶ πάλιν εἰς τὴν γένεσι.

λδ΄. Ὅταν ἡ πρώτη ἑνότητα στρέφεται

καὶ συναισθάνεται τὸν ἑαυτό της γίνεται νοῦς· ὅταν στρέφεται καὶ συναισθάνεται τὰ ἔξω γίνεται ψυχή.

λε΄. Παρὰ τὴν ἀθλιότητά μας εἶναι ἕνα ἀΐδιο θεῖο μόριο ἐντός μας διὰ τοῦ ὁποίου εἴμαστ᾽ αἰώνια συνημμένοι πρὸς τὸν θεὸ καὶ ᾽ς τὸ ὁποῖο μέλλουμε, ἔχοντας προσκτηθῆ τὶς ἀρετές, ᾽νὰ ἐπαναχθοῦμε.

λς΄. Κατὰ τὴν ἕνωσι διαστέλλεται ἐπ᾽ ἄπειρον ὁ χρόνος τῆς ψυχῆς, παύοντας διὰ μιᾶς ᾽νὰ προοδεύῃ.

λζ΄. Ὅλα ὅσα ζοῦν -φυτά, ζῷα καὶ ἄνθρωποι- μετέχουν μιᾶς κοινῆς ἀρχῆς ζωῆς -ἀγένητης, ἀνώλεθρης, ἀθάνατης καὶ ἀναμάρτητης- ᾽ς τὴν ὁποίαν ἂν ἐπιστρέψουν ἔχοντας ἀπαρνηθῆ τὸ σῶμα καὶ τὸν ἐφήμερο ἑαυτό τους, οὔτε γένεσι θὰ γνωρίσουν οὔτε φθορὰ οὔτε θάνατο.

λη΄. Εἶναι ἀναγκαῖο πρὶν ἑνωθῆ ἡ ψυ-

χὴ 'νὰ ἐνισθῇ, πρὶν δὲ ἐνισθῇ 'νὰ συν-
αθροίσῃ τὶς δυνάμεις της ἔχοντας συν-
αγερθῇ ἀπὸ τὸ σῶμα.

λθ΄. Ἡ μόνωσι φαίνεται 'νὰ ἦναι τὸ
ἐνάντιο τῆς ἑνώσεως, διότι ἡ μὲν γεν-
νᾶται ἀπὸ τὴν ἑτερότητα καὶ τὴν ἀνο-
μοιότητα, ἡ δὲ ἀπὸ τὴν ταυτότητα καὶ
τὴν ὁμοιότητα· ὅπως δὲ ἡ δεύτερη
συγγενεύει μὲ' τὸ ὑπερούσιο, ὁμοίως
καὶ ἡ πρώτη μὲ' τὸ μηδαμῶς ὄν.

μ΄. Ὅσο περισσότερο εἶναι ἡ ψυχὴ ἀ-
πελευθερωμένη ἀπὸ βιοτικὲς μέριμνες
καὶ ἐγκόσμια δεσμά, τόσο εὐκολώτερα
ἑνίζεται.

μα΄. Οἱ πολλοὶ ἕνεκα τῆς ζωώδους ἡ-
δονῆς προσκολλῶνται 'ς τὴν φθαρτή,
ὀλιγοχρόνια ζωή τους καὶ συναπόλ-
λυνται μὲ' αὐτήν.

μβ΄. Ἐὰν ἐννοήσουμε τὴν κοινωνία
τῶν μερικῶν ψυχῶν καὶ τὴν μετοχή
τους 'ς τὴν θεία ζωὴ τῆς ψυχῆς τοῦ

παντός, θὰ μᾶς εἶναι πλέον εὔκολο 'ν' ἀνέλθουμε 'ς αὐτὴν καὶ ἀπ' αὐτὴν 'ς τὸν νοῦ καὶ ἀπὸ ἐκεῖ 'ς τὸ πρῶτο καὶ ἀνυπόθετο.

μγ΄. Εἶναι ἕνα σημεῖο οὔτ' ἐντὸς οὔτ' ἐκτὸς τοῦ σώματος 'ς τὸ ὁποῖο ἀναπαυόμαστε ὁπόταν ἡσυχάζουμε.

μδ΄. Διὰ τῆς ἐνσαρκώσεώς της ἡ ψυχὴ ἀνταλλάσσει τὴν θέα τοῦ ὅλου -ἤτοι τὸν νοῦ- μὲ' τὴν θέα τοῦ μέρους -τὴν διάνοια καὶ τὴν αἴσθησι· διὰ τοῦτο εἶναι ἀναγκαία ἡ ἀλλοτρίωσί της ἀπὸ τὸ σῶμα, ἕως ἂν ἡ πρώτη ἐκείνη θέα ἀνακτηθῇ.

με΄. Ἐὰν βυθισθοῦμε βαθιὰ 'ς τὸν ἑαυτό μας, ἕνας ἄλλος ἑαυτὸς θ' ἀναφανῇ.

μς΄. Οὔτε ὁρᾷ τὸ ἕνα τῆς ψυχῆς οὔτε ἀκούει οὔτε ὀσφραίνεται οὔτε γεύεται οὔτε ἅπτεται οὔτ' ἐπιθυμεῖ οὔτ' ἐνεργεῖ οὔτε πάσχει οὔτε φαντάζεται οὔτε

ἀναμιμνήσκεται οὔτε δοξάζει οὔτε λο-
γίζεται οὔτε διανοεῖται οὔτε προςέχει
οὔτε γινώσκει οὔτε νοεῖ οὔτε συναι-
σθάνεται· ἀλλ’ ἁπλῶς ὑπάρχει, ἀίδιο,
ἄναρχο, ἄτρεπτο καὶ ἀπαθές, διὰ τού-
του δὲ ἐμεῖς ζοῦμε ὅπως ζοῦμε καὶ
πράττουμε ὅ,τι πράττουμε.

μζ΄. Ἐπέκεινα τοῦ προςεκτικοῦ καὶ εἴ-
μαστε καὶ ’δὲν εἴμαστε.

μη΄. Εἶναι δυςεύρετο καὶ δυςπρόςιτο,
ἐὰν ὅμως εὑρεθῇ καὶ προςεγγισθῇ εὐ-
θὺς ἡ ψυχὴ ἀναπαύεται ἐντός του, μὴ
θέλοντας πλέον ποτὲ ’νὰ τὸ ἀποχωρι-
σθῇ.

μθ΄. Τυγχάνει ἐνίοτε κατὰ τὴν ἐμβίωσι
τῆς ἑνότητας ’νὰ σπεύδῃ ὁ νοῦς ’νὰ
ἐννοήσῃ, κρημνίζοντας τὴν ψυχὴ καὶ
πάλιν εἰς τὴν γένεσι.

ν΄. Ἐὰν ὁ ἐνισμὸς τῆς ψυχῆς ἦταν ἀν-
τιληπτὸς ἀπὸ τὸ προςεκτικό, ’δὲν θὰ
ἦταν ἐνισμός, ἀλλὰ συνάθροισι· διὰ

τοῦτο ἡ κίνησι δέον 'νὰ γίνεται ἐ-
πέκεινα τοῦ προςεκτικοῦ.

να΄. Οὔτε τὸ αἰσθητικὸ εἶναι ἄνευ τοῦ
αἰσθητοῦ οὔτε τὸ φανταστικὸ ἄνευ τοῦ
φανταστοῦ οὔτε τὸ διανοητικὸ ἄνευ
τοῦ διανοητοῦ οὔτε τὸ νοητικὸ ἄνευ
τοῦ νοητοῦ· ὥστε εἶναι φανερὸ ὅτι τὸ
θεῖο ἐντός μας οὔτ' αἰσθάνεται οὔτε
φαντάζεται οὔτε διανοεῖται οὔτε νοεῖ.

νβ΄. Ἄλλο τὸ 'νὰ ἦναι 'ς τὸ ὅλο ἐνι-
δρυμένη ἡ ψυχὴ καὶ ἄλλο τὸ 'νὰ ἐπι-
στρέφῃ 'ς αὐτὸ ἔχοντας γνωρίσει μερι-
σμένη τὴν μερικότητα.

νγ΄. Οὕτως ἂς ἀναθάλπωμε τὴν ψυχὴ
καὶ ἂς προςευχώμεθα· ἀνάπτοντες κη-
ρία, καίοντες θυμίαμα, μύοντες καὶ
στρέφοντες εἰς τὴν ἑνότητα τὸν νοῦ,
εἴτε σιωπῶντες εἴτ' ἐπικαλούμενοι νο-
ερῶς τὸ ὄνομα τοῦ ἑνός (τὸ φῶς τῶν
κηρίων εἶναι ἡ νυκτερινὴ λάμψις τῶν
ὀφθαλμῶν τῆς τριπρόσωπης Ἑκάτης,
ἡ δὲ ὀσμὴ τοῦ θυμιάματος ἡ εὐωδία

τοῦ πανεράστου σώματος τῆς Οὐρανίας Ἀφροδίτης).

νδ΄. Φαίνεται ὡςὰν 'νὰ ἔχῃ καταβῆ ἡ ψυχὴ 'ς τὴν γένεσι, διὰ 'νὰ γνωρίσῃ τὴν θραῦσι, τὴν διαίρεσι, τὸ πλῆθος καὶ τὸν σκεδασμό.

νε΄. Ὅπως θυσιάζεται ἡ ὅρασι κατὰ τὴν θέασι τοῦ νοητοῦ, ὁμοίως θυσιάζεται καὶ ἡ νόησι κατὰ τὴν θέασι τοῦ ἀγαθοῦ.

νς΄. Τὸ φυτικὸ σῶμα εἶναι βαθύτερα βυθισμένο 'ς τὴν γένεσι ἀπὸ τὸ ζωικὸ καὶ τὸ ζωικὸ ἀπὸ τὸ ἀνθρώπινο· ὥςτε ὅσο περισσότερο διαβιοῦμε σωματικῶς, τόσο βαθύτερα κατερχόμαστε 'ς τὸν κόσμο τῶν αἰσθητῶν, προςλαμβάνοντας μετὰ θάνατον σώματα ὁλοένα καὶ βαρύτερα.

νζ΄. Προοδεύοντας μένει καὶ ἔχοντας μείνει καὶ προοδεύσει ἐπιστρέφει· προοδεύοντας δὲ εἶναι ἀόριστο, ἐπιστρέφοντας ὡρισμένο.

νη΄. Πᾶσα ἔφεσις ἐκφαίνεται 'ς τὸ μέρος ἑνὸς ὅλου, τὸ ὁποῖο καὶ ἐκφαίνεται ἀπ' αὐτήν˙ τὸ δὲ μέρος ἐφίεται ἑνὸς ἄλλου, ἕνεκα τοῦ ὁποίου θὰ πλησθῇ, παύοντας πλέον 'νὰ ἦναι μέρος˙ ὥςτε ὡς μέρη ἐφιέμεθα ἑνὸς μέρους χάριν τοῦ ὅλου, τοῦ θεοῦ, ὁ δὲ θεὸς ὡς ὅλον ἐφίεται οὐδενός.

νθ΄. Ἄλλοτε ἔρχεται μὲ' ἕνα λευκὸ φῶς καὶ ἄλλοτε μόνο˙ ὁμοιάζει μὲ' ἐνέργεια ἢ αὐγή, ἀλλὰ 'δὲν εἶναι˙ εἶναι μακάριο, εὔδαιμον καὶ εὐτυχές˙ εἶναι αἰώνιο, ἀμιγές, καθαρὸ καὶ ὑπερπλῆρες˙ καθιστᾷ ὄλβιον ὅποιον τὸ ἀπογεύεται.

ξ΄. Ἐπειδὴ ἡ ψυχὴ 'δὲν δύναται μὲ' τὴν οἰκεία της ἐνέργεια 'νὰ ἑνωθῇ μὲ' τὸν θεό, ἀλλὰ ἔχει ἀνάγκη καὶ ἀπὸ τὴν 'δική του, ἐπειδὴ δὲ αὐτὴ εἶναι μία, ἀΐδια καὶ ἀμετάτρεπτη, πρέπει ἡ ψυχή, ἐὰν θέλῃ 'νὰ ἑνωθῇ, 'νὰ γίνῃ ἱκανὴ 'νὰ τὴν δεχθῇ˙ τὴν δέχεται δὲ διὰ τῆς καθάρσεως τῶν παθῶν, τῆς συναγωγῆς τῶν οἰκείων της δυνάμεων, τῆς ὁμοιώσεως καὶ τοῦ ἑνισμοῦ.

ξα΄. Ἐὰν προςκολληθοῦμε 'ς τὸ σῶμα καὶ 'ς ὅ,τι ἔχει προκύψει ἀπὸ τὴν σχέσι του πρὸς τὴν ψυχή, μέλλουμε ἀργὰ ἢ γρήγορα 'ν' ἀφανισθοῦμε· ἐὰν 'ς τὴν ψυχὴ ἐπέκεινα τοῦ σώματος, ἔχουμε ἤδη διασωθῆ.

ξβ΄. Ἡ βίωσι τῆς ἑνότητας 'δὲν εἶναι βίωσί τινος· διότι εἶναι ἀδύνατον 'νὰ διακριθῆ ἡ βίωσι ἀπὸ τὴν ἑνότητα ἢ ἡ ἑνότητα ἀπὸ τὴν βίωσί της.

ξγ΄. Ἐὰν ὀρθοφρονοῦμε μᾶς φαίνεται ὄχι ὡςὰν ἡ ψυχὴ 'νὰ ἔχη ἐμφανῆ ἐντὸς τοῦ σώματος, ἀλλὰ ὡςὰν τὸ σῶμα ἐντὸς τῆς ψυχῆς.

ξδ΄. Ὅταν τοῦ κατηγοροῦμε ὁτιδήποτε, παρεμβάλλουμε μεταξὺ αὐτοῦ καὶ ἡμῶν ἕνα κατηγορούμενο, ἕνεκα τοῦ ὁποίου, ἀντὶ 'νὰ τὸ πλησιάζουμε, ἀφι στάμεθα ἀπ᾽ αὐτό.

ξε΄. Τὰ σώματα καὶ ἡ ἑτερότητα ἡ προςωπικὴ εἶναι ἐφήμερ᾽ ἀπογεννή-ματα τῆς ψυχῆς κατὰ τὶς αἰώνιες καταβάσεις της ᾽ς τὴν γένεσι.

ξϛ΄. Ἐπειδὴ τὸ σῶμα διαρκῶς πράγματα παρέχει -πεινᾶ, διψᾶ, ῥιγᾶ, θερμαίνεται, ἀλγεῖ, ἀσθενεῖ, νυστάζει- ἆς προσπαθήσουμε ᾽νὰ ζήσουμε χωριστὰ ἀπ᾽ αὐτὸ ὅσο μᾶς εἶναι δυνατόν, ὑπολαμβάνοντάς το ὡς ζῷο μὲ᾽ τὸ ὁποῖο εἴμαστε ἀναγκασμένοι ᾽νὰ συζήσουμε, φροντίζοντάς το μέν, θέτοντας δὲ ὅρια ᾽ς τὶς ὀρέξεις του, ὥςτε ἂν πεινᾶ, ἆς τρώγῃ καὶ ἂν διψᾶ, ἆς πίνῃ καὶ ἂν νυστάζῃ, ἆς κοιμᾶται, ἐὰν ὅμως πεινᾶ ὑπὲρ τὸ δέον, ἆς πεινᾶ καὶ ἐὰν διψᾶ, ἆς διψᾶ καὶ ἐὰν νυστάζῃ, ἆς μὴ κοιμᾶται.

ξζ΄. Εἶναι ἀνάγκη ᾽ν᾽ ἀποφεύγουμε ὅσο εἶναι δυνατὸν τὴν αἴσθησι τῆς ἁφῆς, διότι μᾶς κρημνίζει ὁλοένα καὶ βαθύτερα ᾽ς τὴν γένεσι.

ξη΄. Ὅταν κατελθόντες ᾿ς τὸν βυθὸ τῆς ψυχῆς, ἐπανευρίσκουμε τὴν πρώτη ἀκρότατη ζωή της, ᾿δὲν εἴμαστε πλέον ᾿ς τὸ ἴδιον, ἀλλὰ ᾿ς τὸ κοινό· ὥςτ᾿ ἐπιστρέφοντας ἐντός μας, συναπαντοῦμε τὰ πάντα.

ξθ΄. Πρὸ τῆς αἰσθητῆς ἐμφάνειας εἶναι ὁ νοερὸς βυθός, πρὸ τοῦ νοεροῦ ὁ νοητός, πρὸ τοῦ νοητοῦ ὁ τῆς ἑνότητος, πρὸ δὲ καὶ αὐτοῦ ὁ τιμιώτατος καὶ ἁγιώτατος καὶ σεμνότατος βυθὸς τῆς ἀρρησίας.

ο΄. Τὸ σῶμα εἶναι ἕνα ἀπογέννημα τοῦ νοῦ, ἕνα εἴδωλο ζωῆς ἐμφαινόμενο ἐντὸς τῆς ψυχῆς, ἡ ὁποία καὶ τὸ φωτίζει.

οα΄. Ἐφ᾿ ὅσον ἡ πρώτη ἀρχὴ ᾿δὲν εἶναι ἄλλο ἀπὸ ἑνότητα καὶ ἀγαθότητα, ὅ,τι ὁδηγεῖ ᾿ς αὐτὴν ὑπολαμβάνεται ἀγαθὸ καὶ ὅ,τι ᾿ς τὸν χωρισμὸ κακό· ἐξ οὗ καὶ ἡ φιλία προτιμᾶται ἀπὸ τὴν ἔχθρα, ἡ ὁμόνοια ἀπὸ τὴν διχόνοια καὶ ἡ ἀγάπη ἀπὸ τὸ μῖσος.

οβ΄. Ἐπειδὴ θελήσαμε 'ν' ἀποχωρι-
σθοῦμε τὸ ἀγαθὸ μένοντας μόνοι 'ς
τὸν ἑαυτό μας, ἐκπέσαμε ἀπὸ τὸ ὅλον
'ς τὸ μερικό, ἐμβυθισμένοι 'ς τὸ ἐγκό-
σμιο, ἐπίγειο, ἐνσώματ' ὄνειρό μας˙ ἐ-
πειδὴ δὲ ὀδυνώμαστε καὶ φθίνουμε
μακριὰ ἀπὸ τὸν θεό, ἕνα ἄλλο μέρος
μας ὀρέγεται διαρκῶς 'νὰ ἐπαναχθῇ,
ἐμποδίζεται ὅμως ἀπὸ τὸν φόβο τοῦ
ἀποχωρισμοῦ ἀπὸ τὸ σῶμα καὶ τὸν ἐ-
φήμερο, ἐπίπλαστο, ὀνειρώδη ἑαυτό
του˙ ἐὰν θέλουμε ὡστόσο ἀληθινῶς
'νὰ ἐπαναχθοῦμε, ὀφείλουμε 'νὰ γνω-
ρίσουμε ὅ,τι ἤμασταν πρὶν ἐκπέσουμε
'ς τὴν γένεσι, παύοντας 'ν' ἀπατώμα-
στε ἀπὸ εἴδωλα, ὄνειρα καὶ φαντά-
σματα καὶ ἐπανερχόμενοι τὸ συντομώ-
τερο δυνατὸν 'ς τὸν πρότερο, ἀνέκ-
πτωτο, ἀγέννητο ἑαυτό μας.

ογ΄. Ἀναγόμαστε ὄχι διὰ τοῦ ἴδιου καὶ
τοῦ ἀτομικοῦ, ἤγουν τοῦ ἐφήμερου καὶ

γενητοῦ, ἀλλὰ διὰ τοῦ καθολικοῦ καὶ κοινοῦ, ἤτοι τοῦ ἀίδιου καὶ ἀγένητου.

οδ΄. Ὅρος τῆς ἐπιστροφῆς τῆς ψυχῆς 'ς τὸ ὅλον εἶναι ἡ ἀπώλεια τῆς ἑτερότητάς της.

οε΄. Δέον 'νὰ ἐπιθυμῆται ἀνεπιθυμήτως· διότι οὐδέποτε ἐγγίζεται ἐν ὅσῳ ἐπιθυμεῖται, ἐὰν δὲ μὴ ἐπιθυμῆται οὐδέποτ' ἐντυγχάνεται.

ος΄. Ὅπως κάθε ἀποτέλεσμα εἶναι ἤδη 'ς τὴν αἰτία του, ὁμοίως καὶ ἐμεῖς, πρὶν ἐκφανοῦμε εἴμαστε ἤδη 'ς τὴν πηγή μας· εἴμαστε δὲ ἀκόμη ἐκεῖ, καίτοι ἔχουμε ἤδη ἐκφανῆ.

οζ΄. Κάθαρσι εἶναι ἡ περιαγωγὴ τῆς ψυχῆς 'ς τὴν ἀσωμασία.

οη΄. Οὔτε οὐσία εἶναι οὔτε ἀνουσιότητα, οὔτε ὑπόστασι οὔτε ἀνυποστασία, οὔτε ὕπαρξι οὔτε ἀνυπαρξία· αἰσθανόμαστε δὲ τὴν παρουσία του ὡς ἐνό-

τητα, ἀπειρία, ἀνωδυνία καὶ μακαριό-
τητα.

οθ΄. Καθ᾽ ὅσον μένει ᾽ς τὸν ἑαυτό του,
ἠρεμεῖ· καθ᾽ ὅσον προοδεύει καὶ ἐπι-
στρέφει κινεῖται ὡς τὰ πάντα· μένον-
τας δὲ εἶναι ἕνα, προοδεύοντας δύο
καὶ ἐπιστρέφοντας τρία.

π΄. Ἐξαμαρτάνουν ὅσοι ὑπολαμβά-
νουν τὴν ψυχὴ ὡς σῶμα λεπτὸ ἐντὸς
ἑνὸς ἄλλου παχέος· διότι ᾽δὲν εἶναι
σῶμα, ἀλλ᾽ ἀρχὴ ζωῆς ἀπογεννητικὴ
σωμάτων.

πα΄. Πᾶσα ἑνότητα εἶναι ἴχνος τῆς
πρώτης καὶ πᾶς νοῦς ὁμοίως καὶ πᾶ-
σα ψυχή.

πβ΄. Πρέπει ᾽νὰ ἐπιζητοῦμε τὸ ἕνα ἐν-
τός μας ἀδιαλείπτως καὶ ὅταν τὸ ἀ-
νευρίσκουμε ᾽νὰ ἐμμένουμε ᾽ς αὐτό·
διότι διὰ τούτου συναπτόμαστε πρὸς
τὸ ἕνα ἐντὸς τῶν πάντων, τὸ ἕνα τῶν
πάντων καὶ τὸ ἕνα πρὸ τῶν πάντων.

πγ΄. Θάνατος διὰ τὴν ψυχὴ εἶναι τὸ 'νὰ ἔχῃ στραφῇ 'ς ἕνα μέρος καὶ ἡ στροφὴ αὐτὴ τῆς ἐμποιεῖ τὴν ἀγωνία καὶ τὸν φόβο τοῦ θανάτου· ὅταν ὅμως ἀποστρέφῃ τὴν προσοχή της ἀπὸ τὸ μέρος καὶ ἐπαναγίνεται ὅλον, κάθε φόβος καὶ ἀγωνία ὑποχωρεῖ.

πδ΄. Ἐπειδὴ ὁ ψυχικὸς βυθὸς εἶναι κοινὸς 'ς ὅλα τὰ ἔμψυχα, ὅταν κατάδυόμαστε 'ς αὐτὸν 'δὲν εἴμαστε πλέον 'ς τὸ ἴδιον, ἀλλὰ 'ς τὸ κοινό.

πε΄. Ἑνωμένη μὲ' τὸ ἕνα ἡ ψυχὴ καὶ ἐξαλείφεται καὶ 'δὲν ἐξαλείφεται.

πς΄. Εἶναι ἀδύνατον 'νὰ ἔλθουμε 'ς τὸ ἕνα, ἐὰν μὴ ἑνωθοῦμε πρῶτα μὲ' τὰ πολλά· μὲ' τὰ πολλὰ δὲ ἑνωνόμαστε, ὄχι συνάγοντας εἰς ἕνα καὶ ἐκεῖνα καὶ τὸν ἑαυτό μας (διότι ἀπὸ τὴν συναγωγὴ προέρχεται τὸ ἑνωμένο, ὄχι τὸ ἕνα), ἀλλ' ἀνευρίσκοντας τὸ ἕνα ἐντός μας καὶ συνάπτοντάς το πρὸς τὸ ἕνα τῶν πολλῶν· τὸ δὲ ἕνα ἐντός μας ἀνευρίσκεται διὰ τῆς συναθροίσεως τῆς ψυχῆς ἀπὸ τὸ σῶμα, τῆς συναγωγῆς τῶν δυνάμεών της καὶ τοῦ ἐνισμοῦ.

πζ΄. Κατὰ τὸν τέλειον ἐνισμό, τὴν τέλεια ἀκινησία καὶ τὴν τέλεια σιωπή, ἐγείρεται ἐντός τῆς ψυχῆς ἕνα συναίσθημα ἐρωτικῆς εὐδαιμονίας, τὸ ὁποῖο τὴν συνάπτει παρευθὺς πρὸς τὸν θεό.

πη΄. Φοβᾶται ἡ ψυχὴ μὴ ἀποθνήσκοντας τὸ σῶμα ἀπολέσῃ τὸν ἑαυτό της, ἀγνοῶντας ὅτι ἡ μόνη ἀπώλεια τοῦ ἑαυτοῦ της εἶναι ἡ στροφή της πρὸς αὐτό.

πθ΄. Ὄντας ἄλλο τὸ ἑνωμένο καὶ ἄλλο τὸ ἕνα, τὸ μὲν προσπελάζεται διὰ τῆς συναιρέσεως τῶν διαιρεμένων, τὸ δὲ διὰ τῆς ὑπερβάσεως τῆς ἑτερότητας καὶ τῶν ἐναντίων.

ϟ΄. Ἐμφαίνεται ἐντὸς τῆς βαθύτατης ἡσυχίας ὡς παρουσία ἀόριστη καὶ μυ-

στική, προςομοιάζοντας μὲ᾽ ἀπουσία·
ἐμφαίνεται δὲ μάλιστα ὅταν ἡ συναί-
σθησι τοῦ σώματος καὶ τοῦ ἐνσώμα-
του ἑαυτοῦ ἔχῃ πλέον ἀπολεσθῇ.

Μα΄. Ὁμολογοῦμε ὅτι τὸ ἕνα πρὸ τῶν
πάντων οὔτε εἶναι ἕνα ὅπως τὸ ἕνα
τῶν πάντων οὔτε ἕνα ὅπως τὸ ἕνα ἐν-
τὸς τῶν πάντων· τὸ καλοῦμε δὲ ἕνα,
ὡς παρεκτικὸ τῆς ἑνότητος τῶν πάν-
των.

Μβ΄. Ὁπόταν ἡ ψυχή, ἔχοντας κατέλ-
θει ᾽ς τὴν γένεσι, συμφύρεται μὲ᾽ σῶ-
μα, λησμονεῖ ὅτι ἔχει ἐκπηγάσει ἀπὸ
τὸν θεό, ὅτι εἶναι μέρος τῆς ψυχῆς τοῦ
παντὸς καὶ ὅτι συγγενεύει μὲ᾽ τὶς λοι-
πὲς ψυχὲς τοῦ κόσμου· ὅθεν καὶ ἡ θλῖ-
ψι τοῦ ἀποχωρισμοῦ καὶ ἡ ἀπελπισία
καὶ ἡ ἐρημία καὶ ὁ φόβος τοῦ θανά-
του.

Μγ΄. Εἶναι κάτι ἐπέκεινα καὶ τοῦ προς-
ώπου καὶ τῆς ἀπροςωπίας τὸ ὁποῖο
οὔτε δεικνύεται οὔτε λέγεται οὔτε κα-

τονομάζεται, ἀλλὰ μόνον βιώνεται.

ιδ΄. Ὅπως καὶ ἂν ὁρισθῇ ἡ φύσι τῆς ψυχῆς, εἴτε ὡς αἰτία κινήσεως ζωτικῆς εἴτε ὡς ἔφεσι καὶ λόγος καὶ ἀριθμὸς εἴτε ὡς μεσότητα μεριστοῦ καὶ ἀμερίστου, εἶναι τόσο θαυμαστὴ ἡ ὑπόστασί της, τόσο βαθὺς καὶ ἀνεξερεύνητος ὁ λόγος της, τόσο ἀπροσπέλαστος τῆς ἀρρησίας της ὁ βυθός, ὥςτε ἀπὸ τὴν οὐσία της πάντοτε κᾶτι μᾶς διαφεύγει.

ιε΄. Τὸ ἀγαθὸ καὶ ἡ πρὸς αὐτὸ ἐπιθυμία συγγενεύουν κατὰ τὴν ἀπειρία.

ις΄. Διὰ τῆς ἐπαναλαμβανόμενης ἐπικλήσεως τοῦ ὀνόματος τοῦ ἑνὸς ἀναθάλπεται ἡ ψυχή, ἀναδύεται ἐντὸς τοῦ νοῦ ἡ ἔννοια τῆς ἑνότητας, ἀνεγείρεται ἡ πρὸς αὐτὴν ἐπιθυμία καὶ ἔχοντας πᾶσα ἔννοια καὶ ἐπιθυμία ἀποτεθῇ, εἶναι ἕτοιμη ἡ ἑνισμένη πλέον ψυχὴ 'νὰ ἑνωθῇ.

μζ΄. Ἡ προσέγγισι τοῦ θείου διὰ τῆς σιωπῆς εἶναι ἀνώτερη ἀπ᾽ αὐτὴν διὰ τῆς φωνῆς.

μη΄. Ἡ ἀδυναμία τῆς ἄπειρης καὶ ἀόριστης ὕλης ᾽νὰ προσλάβῃ τοὺς λόγους τῶν εἰδῶν ἐμφαίνεται ἐντὸς τῆς ψυχῆς ὡς γένεσι καὶ φθορά.

μθ΄. Ἐπειδὴ ἐπιθυμοῦμε ᾽νὰ τὸ κατέχουμε, ἐπιχειροῦμε ᾽νὰ τὸ ὁρίσουμε λέγοντάς το καὶ ὀνομάζοντάς το· ὅσο ὅμως τὸ ὁρίζουμε μὲ᾽ λόγους καὶ ὀνόματα, τόσο περισσότερο τοῦ ἀπομακρυνόμαστε.

ρ΄. Διττῶς εἶναι ἡ ψυχὴ κατὰ τὸν Θεόδωρο τὸν Ἀσιναῖο· κατὰ σχέσιν, ὅταν ἀπολλύει τὸν ἑαυτό της κατερχόμενη ᾽ς τὴν γένεσι, καὶ ἀσχετίστως, ὅταν ἀνερχόμενη ᾽ς τὸ ὂν ἐπανευρίσκει τὴν ἀρχαία της κατάστασι.

ρα΄. Τόσο τὸ ὄνομα τοῦ ἑνός -διὰ τῆς ἐπικλήσεως τοῦ ὁποίου ἀναθάλπεται

ἡ ψυχή- ὅσο καὶ ἡ ἔννοια τῆς ἑνότη-
τας εἶναι εἰκόνες πολυτίμητες τοῦ αὐ-
τοενός.

ρβ΄. Ἐκεῖ ἐρχόμαστε μόνον ὅταν μήτε
γνωρίζουμε ποῦ ἔχουμ' ἔλθει μήτ' ἐάν
(καίτοι κατὰ ἕναν μυστικὸ τρόπο τὸ
γνωρίζουμε).

ργ΄. Τὸ ὅτι ἀγνοοῦμε ἀπὸ ποῦ ἔρχεται
'δὲν σημαίνει ὅτι ἔρχεται ἀπὸ τὸ μη-
δέν· διότι ἂν ἔρχεται ἀπ' αὐτό, ὅπως
ἔνιοι διατείνονται, 'δὲν εἶναι μηδέν,
ἀλλ' ὑπερπλῆρες, ἀφ' οὗ ἕνας τέτοιος
ποταμὸς ὅπως ἡ γένεσι μόνον ἀπὸ τὸ
ὑπερπλῆρες θὰ ἐξέρρεε.

ρδ΄. Ὡς τέλεια προσευχὴ ὑπολαμβάνε-
ται ἡ ἐπίκλησι τοῦ ὀνόματος τοῦ ἑνός,
διὰ τῆς ὁποίας ἐγείρεται ὁ μυστικὸς ἔ-
ρωτας τῆς ψυχῆς, ὁ πρὸς αὐτὸ ἀναγω-
γικός.

ρε΄. Δυσκολεύεται ἡ ἐνσώματη ψυχὴ
'νὰ συλλάβῃ τὴν ἑνότητα, ἐὰν μὴ τὴν

ἀντιδιαστείλῃ ἀπὸ τὸ πλῆθος· διότι ὅ-
πως ἂν μὴ γνωρίσῃ πρῶτα τὸ ἕτερο
τῆς εἶναι δύσκολο 'ν' ἀναγνωρίσῃ τὸ
ταυτό, ὁμοίως ἂν μὴ γνωρίσῃ καὶ τὸ
πλῆθος τῆς εἶναι δύσκολο 'ν' ἀναγνω-
ρίσῃ καὶ τὸ ἕνα.

ρς΄. Ἐφ' ὅσον οὔτ' αἰσθητὸ εἶναι οὔτε
φανταστὸ οὔτε διανοητὸ οὔτε νοητό,
'δὲν εἶναι ἄλλος τρόπος πλησιάσεώς
του ἀπὸ τὸν ἑνισμό, τὴν ἐξομοίωσι
δηλαδὴ πρὸς τὸ αὐτοένα.

ρζ΄. Πῶς λέγεται ἆρά γε τὸ ἄλεκτο,
πῶς ὀνομάζεται τὸ ἀνωνόμαστο; ἐὰν
μὲν λεχθῇ εἶναι πλέον λεκτό, ἐὰν δ' ὀ-
νομασθῇ ὀνομαστό· καὶ ὅμως, ὠδίνει
ἡ ψυχὴ 'νὰ τὸ εἴπῃ, ἀγωνιᾷ 'νὰ τὸ ὀ-
νομάσῃ· πῶς 'νὰ ὀνομάσῃ ὡςτόσο τὸ
ἄφραστο, τὸ ἐξῃρημένο καὶ ἀκατάλη-
πτο; ἀφ' οὗ οὔτε τὸ ἀναίσθητο εἶναι
δυνατὸν 'νὰ αἰσθανθῇ οὔτε τὸ ἀνεννό-
ητο 'νὰ ἐννοήσῃ· ὅσο καὶ ἂν ἀνέρχε-
ται ἀπὸ τὴν γένεσι 'ς τὴν οὐσία, ὅσο
καὶ ἂν ἀνάγεται ἀπὸ τὰ ὑπουράνια 'ς

τὰ ἐπουράνια καὶ ἀπὸ τὰ αἰσθητὰ ᾽ς τὰ νοητά, καὶ ἂν κατορθώσῃ ᾽νὰ θεωρήσῃ τὸ ὑπεραίσθητο καὶ ὑπέρλογο καὶ ὑπέρνοο ἐκεῖνο φῶς τοῦ ἀγαθοῦ, ὅταν πλέον κατέλθῃ τῆς εἶναι ἀδύνατον ᾽νὰ ἐκφράσῃ τὸ ἀνέκφραστο πέρας τῆς θαυμαστῆς πορείας της· ἐὰν τὸ εἰπῇ, ᾽δὲν τὸ ἔχει ἰδεῖ καὶ ἐὰν τὸ ἔχῃ ἰδεῖ, ἀδυνατεῖ ᾽νὰ τὸ εἰπῇ· ἀλλὰ τότε τί; ᾽νὰ μὴ τὸ εἰπῇ; ἀλλ᾽ ἂς παύσῃ πλέον ᾽ν᾽ ἀγανακτῇ καὶ ἂς βυθισθῇ ᾽ς τὴν μυστικὴ ἐκείνην σιγὴ ἡ ὁποία ὑπερβαίνει κάθε λόγο.

ρη΄. Ὁ αἰσθητὸς κόσμος ἐμφαίνεται ἐντὸς τῆς ψυχῆς, ἐλλάμπει καὶ ἔπειτα σύντομ᾽ ἀφανίζεται· ὁ δὲ χρόνος μεταξὺ τῆς ἐμφάνειας καὶ τῆς ἀφάνειάς του ὑπολαμβάνεται ὡς ἐγκόσμια, ἐπίγεια, ἐνσώματη ζωή.

ρθ΄. Κατὰ τὸν ἐνισμὸ αἰσθανόμαστε ᾽νὰ κινούμαστε ᾽νὰ ἐναγκαλισθοῦμε ἀκινήτως τὰ πάντα, περιβαλλόμενοι πανταχόθεν ἀπεριβλήτως ἀπὸ τὸν θεό.

ρι΄. Ἐν ᾧ κατὰ τὶς ἀνόδους καὶ καθόδους της κινεῖται πάντοτε κατ᾽ εὐθεῖαν ἡ ψυχή, ὅταν προσελκυσμένη στρέφεται πρὸς τὸν νοῦ κινεῖται πλέον κυκλικῶς, ὅπως οἱ πλανῆτες γύρω ἀπὸ τὸν ἥλιο.

ρια΄. ᾽ς τὸ ἄκρο τῆς ἀναβάσεως οὔτ᾽ ἐπίνοια ὑπάρχει οὔτε φαντασία οὔτε ἀνάμνησι· πῶς τότε ἀναγνωρίζεται ὡς ἄκρο; ἀλλὰ ᾽δὲν ἀναγνωρίζεται, ἀλλ᾽ εἰκάζεται ἀπὸ τὸ συναίσθημα τῆς ἑνότητας, τὴν τέλεια ἀχωριστία, τὴν ἡσυχία καὶ τὴν ἀνέκφραστη, ἀπερίγραπτη εὐδαιμονία.

ριβ΄. Δοξάζουμε ὅτι ἀπὸ τὴν ψυχὴ ἔχει τὸ σῶμα τὴν ζωὴ καὶ μόνον ἀπ᾽ αὐτὴν καὶ ὅτι ἄνευ αὐτῆς ᾽δὲν εἶναι ἄλλο ἀπὸ ἕνα πτῶμα· ὅλα δὲ τὰ ἔργα της, ἀκόμη καὶ ὅσα φαίνονται σωματικὰ ὅπως ἡ πέψι, ἡ κυκλοφορία τοῦ αἵματος ἢ ἡ ἔκκρισι τῆς χολῆς εἶναι αὐτῆς καὶ ὄχι τοῦ σώματος.

ριγ΄. Ἐὰν μὴ ἔχουμε μάθει ’νὰ χωρί-
ζουμε τὴν ψυχὴ ἀπὸ τὸ σῶμα συναγεί-
ροντας καὶ ἀθροίζοντάς την, εἶναι ἀ-
δύνατον ’νὰ κατανοήσουμε τὴν ἀληθι-
νή της φύσι καὶ ’ν’ ἀναχθοῦμε ἀπὸ
τὴν γένεσι ’ς τὴν οὐσία καὶ ἀπὸ ἐκεῖ ’ς
τὸ ἀγαθό.

ριδ΄. Θὰ ἑνωθοῦμε μὲ’ τὰ πάντα, ὅταν
ἀποχωρισθοῦμε τὰ πάντα.

ριε΄. Κατὰ τὴν κάθαρσι τοῦ ἀλόγου
μέρους τῆς ψυχῆς ἀπαλλασσόμαστε ὄ-
χι μόνο ἀπὸ τὴν λύπη, ἀλλὰ καὶ ἀπὸ
τὴν ἡδονή· διότι ἐκ τῶν δύο πάθος
κινδυνωδέστερο εἶναι ἡ δεύτερη, ὥςτε
ἡ ἀνηδονία δέον ’νὰ ἐπιδιώκεται ὅσο
καὶ ἡ ἀλυπία.

ριϛ΄. Ἐπιθυμεῖται ἡ κάθαρσι ἀπὸ τὸ
σῶμα, ὄχι ἐπειδὴ ὑπολαμβάνεται αἰ-
σχρό, ἀκάθαρτο καὶ μιαρό, ἀλλὰ βα-
ρύ, δυςκίνητο καὶ ὀλιγοχρόνιο.

ριζ΄. Ὅταν ἡ μερικὴ ψυχὴ ’στραμμένη πρὸς τὸ σῶμα λησμονῇ ὅτι ἡ ζωή της 'δὲν εἶναι ἄλλο ἀπὸ μετοχὴ 'ς τὴν θεία ζωή, τότε ἀναφαίνεται ἐντός της ἡ ἐρημία, ἡ ὀδύνη, ἡ ἀπελπισία καὶ ὁ φόβος τοῦ θανάτου.

ριη΄. Πασχίζουμε 'νὰ τὸ ἐννοήσουμε διὰ συλλογισμῶν, ἀναλογιῶν καὶ ἀφαιρέσεων, ἐν ᾧ ἐκεῖνο διαρκῶς ἀπολισθαίνει· ὅταν δὲ ἀπρόσμενα καὶ ἀκαριαῖα μᾶς φανερώνεται, ἀποροῦμε πόθεν ἦλθε, πῶς καὶ διὰ τί, πασχίζοντας πάλι διὰ συλλογισμῶν, ἀναλογιῶν καὶ ἀφαιρέσεων 'νὰ τὸ ἐννοήσουμε, ἐν ᾧ ἐκεῖνο διαρκῶς ἀπολισθαίνει.

ριθ΄. Ἄλλο ἡ ἀνυπαρξία καὶ ἄλλο ἡ ἀσυναισθησία.

ρκ΄. Ὅταν συναγμένων τῶν δυνάμεων τῆς ψυχῆς παύουμε 'νὰ αἰσθανώμαστε, 'νὰ φανταζώμαστε, 'νὰ διανοούμαστε καὶ 'νὰ νοοῦμε, συναισθανόμαστε τὴν ζωὴ βαθύτερα καὶ ἐναργέστερα· ὅταν δὲ παύουμε ἀκόμη καὶ 'νὰ συναισθανώμαστε, ἔχουμε πλέον ἐνισθῆ.

ρκα΄. Εἶναι ἕνα σημεῖο ἐντὸς τῆς ψυχῆς (τὸ λέγω δὲ σημεῖο, καίτοι 'δὲν εἶναι) 'ς τὸ ὁποῖο τὰ πάντα ἑνώνονται, ὅπως ἀκριβῶς 'ς τὸ κέντρο τοῦ κύκλου.

ρκβ΄. Ἐπειδὴ τόσο σφοδρά, ἀνέκλειπτα καὶ ἐπώδυνα ὠδίνει ἡ ψυχὴ τὸ ἀγαθό, ἀπορεῖται ἐὰν οἱ ὠδῖνες της τῆς ἔχουν ἆρά γ᾽ ἐνσπαρῆ ἢ ἦναι ἡ πρώτη, ἀρχαιότατή της φύσι.

ρκγ΄. Πολλὰ διανοούμαστε, πολλὰ συλλογιζόμαστε, πολλὰ συμπεραίνουμε, ὅταν ὅμως κατακλυζώμαστε ἀπὸ τὸν ἔρωτα τοῦ ἑνός, τὰ πάντ᾽ ἀπόλλυνται διὰ μιᾶς ὅπως τὸ φῶς τῶν ἄστρων τὴν ἡμέρα.

ρκδ΄. Ἡ σωματικὴ ζωὴ ἀπεικάζεται μὲ᾽ τὴν κίνησι ἐν βορβόρῳ, ἡ ψυχικὴ μὲ᾽ τὴν ἐν ὕδατι καὶ ἡ νοητικὴ μὲ᾽ τὴν

ἐν ἀέρι -ἡ ἑνοειδὴς καὶ ὑπερούσια ὡς
εἰκὸς ᾽δὲν ἀπεικάζεται.

ρκε΄. Ἡ συναίσθησι εἶναι μία λεπτότα-
τη κίνησι ἐπιστρεπτική, ἡ ὁποία παύε-
ται ἑνιζομένης τῆς ψυχῆς.

ρκς΄. Ἐὰν ἐπιθυμοῦμε ᾽νὰ τὸ γνωρί-
σουμε ᾽δὲν θὰ τὸ γνωρίσουμε καὶ ἐὰν
ἐπιθυμοῦμε ᾽νὰ τὸ συναισθανθοῦμε
᾽δὲν θὰ τὸ συναισθανθοῦμε καὶ ἐὰν ἐ-
πιθυμοῦμε ᾽νὰ τὸ βιώσουμε ᾽δὲν θὰ τὸ
βιώσουμε.

ρκζ΄. Τρεῖς εἶναι οἱ μυστικὲς θεωρίες
τῆς ἀποκαθαρμένης κατὰ τὴν αἴσθησι
ψυχῆς· τῶν πάντων ὡς ἕνα, τῶν πάν-
των ἐντὸς τῶν πάντων ὡς ἕνα καὶ τοῦ
ἑνὸς ἐντὸς τῶν πάντων ὡς ἕνα.

ρκη΄. Ἐπειδὴ ὁ νοῦς εἶναι ἡ πρώτη ἔκ-
φανσι τοῦ ἑνός, μόνον δι᾽ ἐκείνου
προσεγγίζεται· ἐὰν δὲ ἤμαστε ἀπρόςε-
κτοι καὶ τὸν ἀπαρνηθοῦμε, κινδυνεύ-
ουμε ἀντὶ ᾽ν᾽ ἀνέλθουμε ᾽ς τὸ ὑπερά-

νω τοῦ ὄντος μὴ ὄν, 'νὰ κρημνισθοῦ-
με 'ς τὸ ὑποκάτω του.

ρκθ΄. Ἃς μὴ λησμονῆται ὅτι εἶναι ἀδύ-
νατον, ὅσο καὶ ἂν τὸ ἐπιθυμοῦμε, 'νὰ
μυηθοῦμε ἀκάθαρτοι 'ς τὰ μυστήρια.

ρλ΄. Ἐὰν ἡ συναγερμένη ψυχὴ ἔχοντας
διακρίνει ἕνα αἰσθητὸ στραφῇ δυνατὰ
'ς τὸ ἐντός του ἕνα ἀφήνοντας τὸ πε-
ρίγραμμά του κατ᾽ ὀλίγον 'νὰ σβησθῇ,
ἔχει ἔλθει ἤδη ἐγγύτερα 'ς τὸ αὐτοένα.

ρλα΄. Ὅπως ὑπάρχει τὸ ὅλον ἐντὸς
τῶν μερῶν, τὸ ὅλον τῶν μερῶν καὶ τὸ
ὅλον πρὸ τῶν μερῶν, ὁμοίως ὑπάρχει
καὶ τὸ ἕνα ἐντὸς τῶν πάντων, τὸ ἕνα
τῶν πάντων καὶ τὸ ἕνα πρὸ τῶν πάν-
των.

ρλβ΄. Ὅσο ἀνερχόμαστε 'ς τὸν νοῦ, ὅ-
σα πρωτύτερα διακρίνονταν ἐνάντια
ἀπὸ τὴν διάνοια, φαντάζουν πλέον ἑ-
νιαῖα.

ρλγ΄. Ἀνοηταίνουμε καὶ βλασφημοῦμε δοξάζοντας ὅτι ἡ ἄναρχη ἀρχή, ἡ ἀναίτια αἰτία, τὸ ἄρρητο ἕνα, εἶναι δυνατὸν ποτὲ 'νὰ ἐκφανῆ ὡς πρόσωπο, 'νὰ διαλεχθῆ 'ς τὴν ἔρημο μὲ' νομάδες, 'νὰ τοὺς τάξῃ γῆ, 'νὰ στέλλῃ ἀγγέλους, 'νὰ ἔχῃ υἱό, 'νὰ κηρύσσῃ, 'νὰ κολάζῃ, 'ν' ἀπειλῆ καὶ 'ν' ἀνταμείβῃ· διότι οὔτ' ἐν χρόνῳ εἶναι οὔτ' ἐν τόπῳ οὔτ' ἐν σώματι, ἀλλὰ κρυμμένη αἰώνια 'ς τ' ἀπύθμενα βάθη τῆς ψυχῆς.

ρλδ΄. Πολλὰ ἐμφαίνονται ἔσωθεν καὶ ἔξωθεν, ἡ ἑνισμένη ὅμως ψυχὴ οὐδαμῶς θορυβεῖται ἀπ' αὐτά.

ρλε΄. Μία στιγμὴ ἀληθοῦς ἐνώσεως ἀξίζει ὅσο μύριες ἐνσώματες ζωές· ἐὰν δὲ βιωθῆ ἡ χωριστὴ ζωὴ τῆς ψυχῆς, τότε τὸ μόνο ἐπιθυμούμενο εἶναι ὁ χωρισμός της ἀπὸ τὸ σῶμα καὶ ὄχι, μὰ τὸν Δία, ἡ αἰώνια συμβίωσι μὲ' αὐτό.

ρλς΄. Διχῶς ἑνίζεται ἡ ψυχή, εἴτ' ἐρωτικῶς, διὰ τῆς προσοχῆς τοῦ νοῦ εἰς τὴν ἑνότητα καὶ τὴν ἐπίκλησι τοῦ ὀνόματος τοῦ ἑνός, εἴτε ἡσυχαστικῶς, διὰ τῆς ἡσυχίας, τῆς τέλειας ἀκινησίας (ἕως ἀπνευστίας) καὶ τῆς σιωπῆς.

ρλζ΄. Ὅταν τὸ θεῖο νοῆται καὶ λατρεύεται ἀπροςώπως ἐκφαίνεται ὡς φῶς.

ρλη΄. Τὸ θεσπέσιο ὁρατὸ κάλλος τῆς φύσεως, ἤτοι τοῦ ἔσχατου μέρους τῆς ψυχῆς τὸ ὁποῖο ἐμβυθίζεται 'ς τὰ σώματα ἀδυνατῶντας 'νὰ ἐπιστρέψῃ 'ς τὸν ἑαυτό του, ἀπεικονίζει τὸ θεσπέσιο καὶ ἀόρατο τοῦ ἀνώτερου καὶ λογικοῦ ψυχικοῦ μέρους.

ρλθ΄. Ὁ μὲν νοῦς νοεῖ τὸ ὅλον ὡς ὅλον ἀθρόως, ἡ δὲ διάνοια τὸ διανοεῖται μερίζοντάς το.

ρμ΄. Ὁ πρῶτος θεὸς προσεγγίζεται διὰ τῆς τέλειας ἀκινησίας, τῆς τέλειας ἡσυχίας, τῆς τέλειας κενώσεως καὶ τῆς ἐξ αὐτῶν προερχομένης μυστικῆς ἱερῆς σιγῆς.

ρμα΄. Τὸ ἄδυτο τῆς ψυχῆς 'δὲν εἶναι ἄλλο ἀπὸ τὸ ἐντός της ἕνα καὶ 'ς αὐτὸ χρειάζεται 'νὰ ἐπαναχθοῦμε˙ 'δὲν ἐπαναγόμαστε δὲ ἐν ὅσῳ τὸ ὑπολαμβάνουμε ἰδικό μας, ἀλλ' ὅταν κάθε διάκρισι μεταξὺ τῆς ἡμετέρας καὶ κάθε ἄλλης ψυχῆς ἀναιρεθῇ.

ρμβ΄. Ὅσο περισσότερο συννεύει ἡ ψυχὴ 'ς τὴν ἐσωτερική της ἑνότητα, τόσο ὀλιγώτερο συναισθάνεται τὸ σῶμα.

ρμγ΄. Λόγος εἶναι ὁ τρόπος διὰ τοῦ ὁποίου ἐκφαίνονται κατὰ τὴν κάθοδό τους οἱ ὑποστάσεις, ἔρωτας δὲ ἡ ἄλλη του ὄψι, ὁ τρόπος δηλαδὴ ἐμφάνειάς τους κατὰ τὴν ἄνοδο.

ρμδ΄. Ἐὰν κατὰ τὴν ἱερώτατη ὥρα τοῦ ὄρθρου, ἔχοντας μύσει καὶ στρέψει τὴν προσοχὴ 'ς τὴν ἑνότητα, πλησθῇ ἀπ' αὐτὴν ὁ νοῦς τῆς ψυχῆς, ἔχει σχεδὸν προςεγγισθῆ τὸ ἀγαθό.

ρμε΄. Ἐὰν ἐπιθυμοῦμε 'νὰ περιαχθοῦ-
με ἀπὸ τὸ μέρος 'ς τὸ ὅλον, εἶναι ἀ-
νάγκη 'ν' ἀλλοτριωθοῦμε ἀπὸ τὸ σῶ-
μα, ἕνεκα τοῦ ὁποίου ἔχουμε μερισθῆ.

ρμς΄. Ὅσο ἐπισκοτίζεται ἡ ἑτερότητα,
τόσο ἀναφαίνεται ὁ θεός.

ρμζ΄. Ἐὰν ἡ ψυχὴ καθαρθῆ κατὰ τὴν
λογικὴ της δύναμι, θὰ δυνηθῆ 'νὰ θε-
ωρήσῃ τὰ πάντα ἐντὸς τῶν πάντων, ὅ-
χι ὡς πλῆθος, ἀλλὰ ὡς ἕνα, τὰ νοητὰ
πρὸ τῶν αἰσθητῶν ὡς πάμφωτο βυθό,
τὶς ἑνάδες ἐντὸς τῶν πάντων καὶ πρὸ
τῶν πάντων πανταχοῦ, καθὼς καὶ τὸ
ἕνα πρὶν ἀπὸ τὶς ἑνάδες, ἐντὸς καὶ ἐ-
κτὸς τῶν ἴδιων τῶν ἑνάδων καὶ ἐπέ-
κεινα.

ρμη΄. Τοῦτες εἶναι οἱ δυνάμεις τῆς ἐν-
σώματης ψυχῆς· ἡ θρεπτική, ἡ γεννη-
τική, ἡ ἐπιθυμητική· ἡ κινητική, ἡ θυ-
μική, ἡ αἰσθητική· ἡ φανταστική, ἡ

δοξαστική, ἡ διανοητική· ἡ νοητική, ἡ προσεκτική, ἡ συναισθητικὴ καὶ (περισσότερο ὑποκείμενο ψυχῆς παρὰ δύναμι) ἡ ἐγρηγορική· ἰδοὺ καὶ τὸ διάγραμμα·

θρεπτικό, γεννητικό, ἐπιθυμητικὸ
κινητικό, θυμικό, αἰσθητικὸ
φανταστικό, δοξαστικό, διανοητικὸ
νοητικό, προσεκτικό, συναισθητικὸ
ἐγρηγορικὸ

ρμθ΄. Ὅταν συναισθανώμαστε τὸν ἐαυτό μας 'δὲν εἴμαστε πλέον ἕνα, ἀλλὰ δύο· διὰ τοῦτο ἐὰν ἐπιθυμοῦμε 'νὰ ἐπανεύρουμε τὴν ἑνότητά μας εἶναι ἀνάγκη 'ν' ἀφεθοῦμε, ἕως ἂν ἀπολεσθῇ μέχρι καὶ ἡ οἰκεία μας συναίσθησι.

ρν΄. Ἂς μὴ προσφέρουμ' αἱματηρὲς θυσίες 'ς τὸ θηρίο τῆς κοιλίας μας, βλάπτοντας ὅ,τι οὐδέποτε μᾶς ἔβλαψε καὶ χωρίζοντας βίαια τὰ σώματ' ἀπὸ τὶς ψυχές.

ρνα΄. Ὅταν ἀνοίγεται τὸ ὄμμα τῆς ψυ-
χῆς, ἕνα φῶς πάλλευκο ἀναφαίνεται,
ὡςὰν 'νὰ λάμπῃ μάρμαρο 'ς τὸν ἥλιο.

ρνβ΄. Διὰ τῆς ἀκινησίας, τῆς ἡσυχίας
καὶ τῆς σιωπῆς ἡ ψυχὴ ἀποκαθαρμένη
ἀπὸ τὸ πλῆθος, τὴν διαίρεσι καὶ τὸν
σκεδασμό, ἐπανευρίσκει τὴν πρώτη
της ἀδιάλυτη ἑνότητα.

ρνγ΄. Τρεῖς εἶναι οἱ τρόποι τῆς ἀναβά-
σεως 'ς τὴν μυστικὴ θεωρία τοῦ ἑνός,
ὁ διαλεκτικός, ὁ ἀποφατικὸς καὶ ὁ ἐν-
θουσιαστικός.

ρνδ΄. Κατὰ τὴν βαθύτατη ἡσυχία ἀ-
πόλλυται κατ' ὀλίγον ὄχι μόνον ἡ αἴ-
σθησι τῶν ἐκτός, ἀλλὰ καὶ τοῦ σώμα-
τος καὶ τοῦ ἐνσώματου ἑαυτοῦ.

ρνε΄. Ὁ μόνος ἀληθὴς ἔρως εἶναι τοῦ
ἑνὸς πρὸς τὸν ἑαυτό του· οἱ δὲ ἐγκό-
σμιοι 'δὲν εἶναι ἄλλο ἀπὸ ἀντέρωτες
καὶ δυςέρωτες.

ρνς΄. Ἡ ἐπιστροφὴ τῆς ψυχῆς ἄρχεται ὅταν ἀντιλαμβάνεται ὅτι ὅλα ὅσα αἰσθάνεται ἐκτός της, ὅπως τὸ σῶμα καὶ τ᾽ ἄλλα αἰσθητά, εἶναι ἐντός.

ρνζ΄. Ἂς μὴ λοιδορῆται μηδὲ κατακρίνεται ἡ σαρκικὴ μεῖξι, διότι εἶναι ὁ τρόπος διὰ τοῦ ὁποίου ἡ σωματότητα διαιωνίζεται· ἐὰν ὅμως ἐπιθυμῆται ἡ ὑπέρβασι τοῦ σώματος καὶ ἡ κατὰ νοῦν ζωή, εἶναι ἀναγκαία ἡ παντελὴς ἀπάρνησί της.

ρνη΄. Τὸ ἕνα τῆς ψυχῆς ἐμφαίνεται ὡς φῶς, ἐν ᾧ δὲ φέγγει ὅ,τι ᾽δὲν εἶναι ψυχὴ κατασκοτίζεται.

ρνθ΄. Ἂς ἐνθυμούμαστε ὅτι ἐὰν καὶ ἐν ὅσῳ ἐπιθυμοῦμε ᾽νὰ ἑνωθοῦμε, ᾽δὲν θὰ ἑνωθοῦμε· διότι ἐν ὅσῳ ἐπιθυμοῦμε εἴμαστε ἀκόμη ἐνιδρυμένοι ὄχι ᾽ς τὸ ἕνα, ἀλλὰ ᾽ς τὴν δυάδα· ὥστε ἡσυχάζοντας ἂς σιωπήσουμε καὶ ἂς ἐνισθοῦμε, ἀναμένοντας ἕως ἂν ἡ ἕνωσι τελικῶς ἐπισυμβῇ.

ρξ΄. Ἐπειδὴ ἡ ψυχὴ οὐδέποτε τὸ ἀπο-
χωρίσθηκε, ἀλλὰ τοῦ εἶναι αἰώνια ἑ-
νωμένη, συναισθάνεται τὴν ἑνότητα ὅ-
χι ἀποπειρώμενη 'νὰ ἑνωθῇ, ἀλλ' ἐγ-
καταλείποντας πᾶσα ἀπόπειρα ἑνώσε-
ως πρὸς αὐτό.

ρξα΄. Τρεῖς ὑπολαμβάνει ἔρωτες ἡ ψυ-
χή, πρῶτον τῶν ὑπουρανίων, τὸν καὶ
δυσέρωτα καλούμενον, δεύτερον τῶν
ἐπουρανίων, ἤτοι τῶν πλανητῶν καὶ
τῶν ἀστέρων καὶ τῶν θείων περιφο-
ρῶν, τρίτον τῶν ὑπερουρανίων, τῶν
θείων διακόσμων δηλαδὴ 'ς τοὺς ὁ-
ποίους ἐπιλάμπει μυστικὰ τὸ νοητὸ
φέγγος· καὶ ὁ πρῶτος εἶναι ἔρωτας
ζωώδης καὶ σαρκικός, ὁ δεύτερος ἀν-
θρώπινος καὶ ψυχικός, ὁ τρίτος θεῖος
καὶ μυστικός, νοητικὸς καὶ καθαρός,
ἐπιστροφὴ 'ς τὴν χώρα τοῦ ὄντος καὶ
τῆς ζωῆς, τὸν νοητὸ ἥλιο, ἀλλὰ καὶ
τὴν ὑπέρνοη, ὑπερούσια, ὑπερουράνιά
του πηγή.

ρξβ΄. Ὅπως εἶναι ἀδύνατον ἐνσώματη ἡ ψυχὴ 'ν' ἀναγνωρίσῃ τὴν σιωπὴ χωρὶς τὸν ἦχο, ὁμοίως τῆς εἶναι ἀδύνατον 'ν' ἀναγνωρίσῃ καὶ τὸ ἕνα δίχως τὰ πολλά.

ρξγ΄. Ἂν καὶ ἡ μετάβασι ἀπὸ τὴν ἐγρήγορσι 'ς τὸν ὕπνο ὁμοιάζει πρὸς αὐτὴν ἀπὸ τὴν χωριστότητα 'ς τὴν ἑνότητα, κατὰ τὴν μὲν ἡ συναίσθησι τοῦ μέρους τρέπεται 'ς ἀσυναισθησία, κατὰ τὴν δὲ εἰς συναίσθησι ψιλή.

ρξδ΄. Ἂς μὴ ὑπολαμβάνεται τὸ σῶμα ἀληθινώτερο τῆς ψυχῆς, ἐπειδὴ φαίνεται τάχα σταθερώτερο, στερεώτερο καὶ συμπαγέστερο· διότι αὐτὲς οἱ ἰδιότητες 'δὲν εἶναι τί ποτε ἄλλο εἰ μὴ φαντασίες τῆς ἐνσώματης ψυχῆς.

ρξε΄. Ὅταν συνάγωνται τὰ πάντα εἰς ἕνα, συλλαμβάνεται ὄχι τὸ ἕνα, ἀλλὰ τὸ ἑνωμένο· διότι μέχρι τοῦ ἑνωμένου διήκει ἡ συναγωγή.

ρξς΄. Ὁπόταν ἡ ψυχὴ ζῇ κατὰ νοῦν, ἡ μὲν ἔξω ζωή της κατ᾽ ὀλίγον ἐκθολοῦται καὶ ἀποσβήνεται, ἡ δὲ ἔσω ἐκλαμπρύνεται καὶ καταυγάζει.

ρξζ΄. Ἐπειδὴ ἡ πλατωνικὴ φιλοσοφία εἶναι μελέτη θανάτου, ἐμεῖς οἱ Πλατωνικοὶ εἴμαστε οἱ κατ᾽ ἐξοχὴν ἐν ζωῇ νεκροί.

ρξη΄. Κόσμος εἶναι ἡ ἐμφάνεια τῶν λόγων τῶν ἰδεῶν ἐντὸς τῆς ψυχῆς ἐπὶ ἑνὸς ὑποκειμένου ἀορίστου, ἀπείρου καὶ ἀσταθοῦς, τὸ ὁποῖο ἀδυνατεῖ 'νὰ τοὺς συνέξῃ.

ρξθ΄. Τὰ πάντα ἐπιποθοῦν ἐρωτικὰ 'νὰ ἐπιστραφοῦν 'ς τὴν ἑνότητα ἀπὸ τὴν ὁποίαν ἔχουν προοδεύσει, καὶ τὰ κρείττονα, ὅπως ὁ νοῦς καὶ ἡ ψυχή, καὶ τὰ χείρονα, ὅπως ἡ ὕλη καὶ τὸ σῶμα.

ρο΄. Ἡ πρώτη κίνησι τῆς ἔκπτωτης ψυχῆς εἶναι ἡ ἀναπνοή, ὅπως καὶ ἡ τελευταία της, ὅταν πλέον λύεται ἀπὸ τὸ σῶμα.

ροα΄. Τὸ ὅτι ὁ κόσμος εἶναι πολὺ με-
γαλύτερος ἀπὸ ὅσο δόξαζαν οἱ ἀρχαῖ-
οι Πλατωνικοί, ᾿δὲν σημαίνει ὅτι στε-
ρεῖται κάλλους, τάξεως καὶ ἁρμονίας,
καλούμενος κόσμος ἐσφαλμένως· διό-
τι εἶναι φανερὸ ὅτι καὶ τάξι εἶναι καὶ
κάλλος καὶ ἄλυτοι δεσμοί, ἀφ᾿ οὗ καὶ
τύπους βλέπουμε ᾿νὰ ἐπαναλαμβά-
νωνται καὶ τρόπους καὶ ἀρχές, ὅπως ἡ
σφαῖρα καὶ ἡ περιφορὰ καὶ ἡ περίοδος
καὶ ἡ ῥοπὴ τῶν πάντων πρὸς τὸ ἕνα·
διότι ὅλα τὰ ἄστρα περιστρέφονται πε-
ρὶ τὸν ἄξονά τους καὶ οἱ πλανῆτες πε-
ρὶ τὰ ἄστρα καὶ οἱ γαλαξίες περὶ τὸ
κέντρο τους καὶ ὅλο τὸ σύμπαν πάλι ἴ-
σως περὶ τὸν ἑαυτό του· ἀλλὰ καὶ ἡ
διαστολὴ ἡ ὁποία ἔχει μετρηθῆ ὅτι
συμβαίνει -ἐὰν συμβαίνῃ- ᾿δὲν ἀντί-
κειται ᾿ς τὴν θεία τοῦ Πλάτωνος διδα-
σκαλία, ἀφ᾿ οὗ ἐνδέχεται ᾿ν᾿ ἀκολου-
θῆται ἀπὸ συστολή, ὅπως ἡ βασιλεία

τοῦ Δία ἀπὸ τοῦ Κρόνου καὶ τὸ ἀνά-
παλιν, ἐὰν καθὼς δοξάζουμε ἦναι ἀ-
γέννητος ὁ κόσμος καὶ ἀθάνατος· ἀλ-
λὰ καὶ ὅτι οὐδὲν ἔνυλο σῶμα εἶναι ἀί-
διο, καὶ τοῦτο -ἐὰν ἀληθεύῃ- συμφω-
νεῖ μὲ᾽ ὅσα πρεσβεύουμε καὶ ἡ φαινό-
μενη ἀταξία καὶ ἀναρμοστία τοῦ παν-
τὸς ὀφείλονται ᾽ς τὴν ὕλη, ἡ ὁποία ὄν-
τας ἀόριστη, ἀνάρμοστη καὶ αἰσχρὴ ἀ-
δυνατεῖ ᾽νὰ περιλάβῃ μητρικὰ τὸ νοη-
τὸ θεῖο παράδειγμα τοῦ κόσμου.

ροβ΄. Ἡ κατὰ νοῦν ἀληθὴς ζωὴ τῆς
ψυχῆς ἄρχεται ὅταν κατανοῇ ὅτι ὅλα
ὅσα ἔχουν συσσωρευθῆ κατὰ τὴν ἐ-
πίγεια ζωή της εἶναι ἀνάγκη τελικῶς
᾽ν᾽ ἀποβληθοῦν.

ρογ΄. Ὅπως συμβαίνει ἐνίοτε ᾽ν᾽ ἀντι-
λαμβανώμαστε ὅτι ὀνειρευόμαστε ἐν
ὅσῳ ὀνειρευόμαστε, ὁμοίως, ἂν καὶ
σπανίως, ὅτι ὀνειρευόμαστε καὶ ἐν ὅ-
σῳ γρηγοροῦμε· ἡ ἀντίληψι δὲ αὐτὴ
εἶναι καὶ ἡ μόνη ἀληθὴς ἔγερσι, διότι
διὰ τούτης ἀναγνωρίζεται ὡς ὄνειρο ἡ

ἐπίγεια ζωή.

ροδ΄. Πρώτη ἔκφανσι τοῦ ἑνὸς εἶναι τὸ ἄυλο καὶ ἀσώματο νοητό, δεύτερη δὲ τὸ ἔνυλο καὶ ἐνσώματο αἰσθητό· ὥςτε εἶναι ἀνάγκη πρὶν ἀνέλθουμε ΄ς τὸ ἕνα ΄νὰ διέλθουμε ἀπὸ τὸ ἄλλο, καίτοι, ἐπειδὴ πᾶν νοητὸ καὶ αἰσθητὸ ἐγκαθιδρύεται εἰς μίαν ἑνάδα, εἶναι δυνατὸν ΄ν΄ ἀναχθοῦμε καὶ ΄ς τὸ ἕνα διὰ τούτων.

ροε΄. Ἐπειδὴ ὁ νοῦς τῆς ψυχῆς γρηγορεῖ ἀκόμη καὶ κατὰ τὸν ἀνόνειρο ὕπνο, ἐὰν μελετήσουμε τὴν φυγὴ ἀπὸ τὸ σῶμα, τὴν ἀναγωγὴ ἀπὸ τὰ αἰσθητὰ ΄ς τὰ νοητὰ καὶ ἀπὸ ἐκεῖ ΄ς τὴν πρώτη ἑνότητα, εἶναι δυνατὸν διεισδύοντας ἐντός του ἀκόμη καὶ ΄νὰ τὸν συναισθανθοῦμε.

ρος΄. Ἡ ψυχὴ ἑνίζεται συναγομένων ὅλων της τῶν δυνάμεων, πρώτως συναγομένης τῆς αἰσθήσεως, δευτέρως τῆς φαντασίας, τρίτως τῆς διανοίας, τελικῶς δὲ τῆς συναισθήσεως καὶ τῆς προσοχῆς.

ροζ΄. Ἡ ἄρνησι τοῦ θεοῦ ὁδηγεῖ 'ς τὴν ἄρνησι τοῦ νοῦ, ἡ ἄρνησι τοῦ νοῦ 'ς τὴν ἄρνησι τῆς ψυχῆς καὶ ἡ ἄρνησι τῆς ψυχῆς 'ς τὴν ἄρνησι τοῦ αὐτεξούσιου· τί ἀπομένει τελικῶς; ἡ τύχη, τὸ αὐτόματο, τὰ συμβεβηκότα, οἱ μηχανισμοί, ἡ ἀνελευθερία.

ροη΄. Αἰσθητὸς κόσμος εἶναι ἡ ἔκφανσι τοῦ πρώτου θεοῦ ἡ ἀντιληπτὴ ἀπὸ τὴν ψυχὴ διὰ τῶν σωματικῶν της αἰσθητηρίων, νοητὸς δὲ ἡ ἀντιληπτὴ διὰ τοῦ ἀσωμάτου νοῦ.

ροθ΄. Ἐν ὅσῳ ζοῦμ' ἐν σώματι εἴμαστε ἀκόμη ἐνιδρυμένοι 'ς τὸ μερικό· ὅταν ἀπαλλασσώμαστε εὐθὺς ἡ ψυχὴ ἀναφαίνεται ὡς ὅλον.

ρπ΄. Ἐπειδὴ οἱ πολλοὶ ἐπιχειρῶντας 'νὰ μυηθοῦν ἀκάθαρτοι 'ς τὰ μυστήρια ἀποτυγχάνουν, ἀποφαίνονται ὅτι οὔτε θεὸς ὑπάρχει οὔτε μυστήρια οὔτε τί ποτε.

ρπα΄. Φεύγοντας οἱ Πλατωνικοὶ τὴν διαφθορὰ τῆς πόλεως ἀποζητοῦν ἕναν ἄλλον ἱερὸ τρόπο ὑπάρξεως, ὅπου τὰ πάντα παύουν 'νὰ ἦναι χωριστὰ καὶ γίνονται ἕνα· διὰ τοῦτο καὶ ζοῦν ζωὴ ἐρημιτῶν καὶ ἀναχωρητῶν, κατοικῶντας ἐρείπια ἀρχαίων πόλεων καὶ ναῶν, θολωτοὺς τάφους καὶ μαντεῖα, νεκροταφεῖα, λατομεῖα, σπήλαια καὶ ξερὰ πηγάδια.

ρπβ΄. Πρὸς τρία πλήθη σχετίζεται ἡ ψυχὴ κατὰ τὴν ἐγκόσμια ζωή της· τῶν αἰσθητῶν, τῶν ἄλλων ψυχῶν καὶ τοῦ ἰδίου σώματος.

ρπγ΄. Τὰ πάντα εἶναι ἕνα, φανερωμένο ὡς πολλά.

ρπδ΄. Μέχρι τοῦ ἐνισμοῦ διήκει ἡ δύναμι τῆς ψυχῆς, μέχρι τῆς ὁμοιώσεως δηλαδὴ πρὸς τὸ αὐτοένα· διὰ δὲ τὴν ἕ-

νωσι εἶναι ἀναγκαία ὄχι μόνον ἡ ἄφε-
σι, ἀλλὰ καὶ ἡ ἄνωθεν ἐνέργεια.

ρπε΄. Ἡ θεωρία ἄρχεται πάντοτε ἀπὸ
τὸ κοινὸ μεταξὺ τῶν ὁμοίων, μεταβαί-
νει 'ς τὸ κοινὸ μεταξὺ τῶν ἀνομοίων
καὶ περατώνεται 'ς τὸ κοινὸ μεταξὺ ὅ-
λων.

ρπς΄. Ὅ,τι εἶναι πληθυσμένο 'ς τὸν αἰ-
σθητὸ κόσμο, 'ς τὸν νοητὸ εἶναι ἀπλή-
θυντο, ὅ,τι μερισμένο ἀμέριστο, ὅ,τι
χρονωμένο ἄχρονο, ὅ,τι σωματικὸ ἀ-
σώματο.

ρπζ΄. Περισσότερο δυςκολεύεται ἡ ἐν-
σώματη ψυχὴ 'νὰ παραμείνῃ 'ς τὰ νο-
ητὰ παρὰ 'ν' ἀνέλθῃ· διότι ἔχοντας
συναφθῆ 'ς τὴν ζωή της ἡ αἴσθησι καὶ
ἡ φύσι, ἀπολισθαίνει διηνεκῶς 'ς τὰ
σώματα, τὴν γένεσι καὶ τὴν φθορά.

ρπη΄. Ὅταν τὸ ἕνα ἐντός μας συναφθῆ
πρὸς τὸ ἕνα τῶν ἄλλων, σπεύδει ἡ ψυ-
χὴ εὐθὺς 'νὰ ἐναγκαλισθῆ τὰ πάντα.

ρπθ΄. Δὲν θ᾽ ἀποδώσουμε ἀνωλεθρία
καὶ ἀθανασία ᾽ς τὰ οὐράνια σώματα,
διότι ἡ γένεσι καὶ ἡ φθορὰ ἁπλώνον-
ται ᾽ς ὅλον τὸν οὐρανό· ὥςτε ὅσο λε-
πτὸ καὶ διαυγὲς καὶ ἂν ἦναι ἕνα σῶμα,
καὶ ἂν κατοικῆται ὅπως οἱ ἀστέρες ἀ-
πὸ θειότατες ψυχές, οὔτε ἀνώλεθρο
θὰ τὸ ὑπολάβουμε οὔτε ἀθάνατο.

ρϟ΄. Τὸ ἄκρο τοῦ θείου νοῦ εἶναι ἡ ἰ-
δέα τῆς ἑνότητας, τοῦ δὲ ψυχικοῦ ἡ
ἔννοιά της.

ρϟα΄. Τὰ μαθήματα εἶναι τὸ μέσον με-
ταξὺ αἰσθητῶν καὶ νοητῶν, διὰ τοῦ ὁ-
ποίου ἡ ψυχὴ κατέρχεται ᾽ς τὰ πρῶτα
καὶ ἀνέρχεται ᾽ς τὰ δεύτερα· εἶναι μία
περιοχὴ ἀσώματη, ἄυλη καὶ ἱερή, ἀρ-
χόμενη ἀπὸ τὴν μονάδα καὶ τὸ σημεῖο
καὶ περατούμενη ᾽ς τὸ πλῆθος καὶ τὸ
σῶμα.

ρϟβ΄. Ἡ ψυχὴ οἰκεῖ μόνη ᾽ς τὸν ἑαυτό
της, ὅταν τὸ ἄνω μέρος της φαντά-
ζεται, διανοῆται, νοῇ ἢ ἑνίζεται.

ρλγ΄. Ἄς μὴ λανθάνῃ ὅτι θὰ ἐπανεύ-
ρουμε τὸν αἰώνιο ἑαυτό μας, μόνον ἐ-
ὰν ἀπολέσουμε τὸν ἐφήμερο.

ρλδ΄. Ἐπειδὴ ἡ ψυχή, ὄντας καὶ ἕνα
καὶ πολλά, ἀδυνατεῖ 'νὰ κατανοήσῃ
τὴν ἑνότητα τῶν πάντων, τὴν μερίζει
πλάττοντας τὸν τόπο καὶ τὸν χρόνο ὡς
ὑποδοχεῖα τοῦ μερισμοῦ.

ρλε΄. Ὅ,τι νομίζουμε ἔχοντας συννεύ-
σει 'ς τὸν ἑαυτό μας ὅτι βιώνουμ' ἑνί-
οτε μυστικά, 'δὲν εἶναι ἄλλο ἀπὸ τὴν
ἴδια μας τὴν ὕπαρξι, ἡ ἁπλῆ συναί-
σθησι τῆς ὁποίας ἀποτελεῖ τὸ μυστι-
κώτερο βίωμά μας.

ρλς΄. Ἡ ἑνότητα εἶναι τὸ ὕψιστο ἀγα-
θὸ 'ς τὸ ὁποῖο τὰ πάντα ἐρωτικὰ συν-
τείνουν˙ ἀπ' αὐτὸ ἔχουν προέλθει, αὐ-
τοῦ μετέχουν καὶ 'ς αὐτὸ ὀρέγονται
'νὰ ἐπιστραφοῦν.

ρλζ΄. Ἄν καὶ πασχίζοντας 'νὰ ἑνι-
σθοῦμε τυγχάνει ἑνίοτε 'νὰ δυςφοροῦ-

με, 'ν' ἀγανακτοῦμε καὶ 'νὰ ταρασσώμεθα, ἐὰν μὴ ἐγκαταλείψουμε τὴν προςπάθεια καὶ συνεχίσουμε, τελικῶς θ' ἀνταμειφθοῦμε.

ρίη΄. Εἶναι ἀδύνατον 'νὰ παραβληθῇ μὲ' ὁτιδήποτε, διότι 'δὲν ὁμοιάζει μὲ' τί ποτε, οὔτε κἂν μὲ' τὸν ἑαυτό του.

ρίθ΄. Ἐὰν ἡ ψυχὴ ἔχῃ ἀξιωθῇ τὶς δύο πρῶτες μυστικὲς θεωρίες, τοῦ ἑνὸς ἐντὸς τῶν πάντων καὶ τῶν πάντων ἐντὸς τῶν πάντων ὡς ἕνα, ὄχι ὅμως καὶ τὴν τρίτη, τοῦ ἑνὸς πρὸ τῶν πάντων, συνδυάζοντας τὶς δύο πρῶτες τὶς ὁποῖες ἀξιώθηκε, ἐνδέχεται κάποτε, ἔχοντας μελετήσει τὴν φυγὴ ἀπὸ τὸ σῶμα καὶ τὴν ἄσκησι τῆς ἀρετῆς, 'ν' ἀξιωθῇ καὶ τὴν τρίτη.

σ΄. Πρῶτα διανοούμαστε περὶ αὐτοῦ, ἔπειτα τὸ νοοῦμε, τέλος ὑπερβαίνουμε ἀκόμη καὶ τὸ νόημά του, παραδομένοι 'ς τὴν θεσπέσια μυστική του παρουσία.

σα΄. Κατὰ τὸν ἐνισμὸ τὸ φυτικὸ καὶ αἰσθητικὸ μέρος τῆς ψυχῆς ἐνεργοῦν ὅπως καὶ πρίν, ἐμβαπτισμένα καθὼς εἶναι ἐντός τοῦ σώματος, τὸ δὲ νοητικὸ ἐνισμένο διαχωρίζεται ἀπ᾽ αὐτά.

σβ΄. Εἴμαστ᾽ αἰώνια ἑνωμένοι, ὅσο καὶ ἂν νομίζουμε ὅτι τὸ ἔχουμε ἀποχωρισθῆ· διότι εἴμαστ᾽ ἐντός του καὶ εἶναι ἐντός μας καὶ εἴμαστε τὰ πάντα καὶ τὰ πάντα εἶναι ἐμεῖς καὶ εἶναι ἐντὸς τῶν πάντων καὶ τὰ πάντα εἶναι ἐντός του, καίτοι ᾽δὲν εἶναι πουθενά.

σγ΄. Ἡ ψυχὴ ἁγνεύει ἐν ὅσῳ ᾽δὲν ἐφάπτεται μὲ᾽ σάρκες.

σδ΄. Ἡ αἰωνιότητα ᾽δὲν εἶναι, ὅπως νομίζουν οἱ πολλοί, ἄπειρος χρόνος (ἡ ἀπειρία ἄλλωστε εἶναι ἰδιότητα τοῦ χρόνου) ἀλλὰ πληρότητα ὑπαρκτική.

σε΄. Τὸ ἐμεῖς εἶναι ἕνα ἐφήμερο ἀπογέννημα τῆς σχέσεως τῆς ψυχῆς πρὸς τὸ σῶμα, ἕνα περίττωμα, τὸ ὁποῖο πρέπει 'ν' ἀποβληθῇ, ἐὰν ἐπιθυμοῦμε 'νὰ ἐπανεύρουμε τὴν ἀρχαία μας κατάστασι.

σϛ΄. Ὁπόταν ἡ ψυχή, ἔχοντας παύσει 'νὰ στρέφεται 'ς τὴν μερικότητα τοῦ σώματος, ἐπαναγίνεται ὅλον, ἐπανευρίσκει τὴν πρώτη της καλλονὴ καὶ τὴν ἀρχική της εὐδαιμονία· ὅταν δὲ φθάνῃ 'νὰ συναισθάνεται καὶ τὴν πηγὴ τοῦ ὅλου, ἡ καλλονή της τρέπεται 'ς ἀγαθότητα καὶ ἡ εὐδαιμονία εἰς μακαριότητα.

σζ΄. Ἐπειδὴ τὰ πάντα ἐφίενται τοῦ ἀγαθοῦ καὶ τὸ ἀγαθὸ εἶναι ἡ ἀρχὴ καὶ τὸ τέλος τῶν πάντων, ἐμφαίνεται ὅτι τὸ τέλος τῶν πάντων εἶναι ἡ ἐπιστροφὴ 'ς τὴν ἀρχή τους.

ση΄. Ὡς μερικὲς ψυχὲς καταδυμένες 'ς τὸ σπήλαιο τῶν σωμάτων μετέχουμε 'ς τὴν θεία ζωὴ τῆς ψυχῆς τοῦ παντὸς καὶ 'ς αὐτὴν μέλλουμε, ἀποκαθαρμένοι ἀπὸ τὰ σώματα, 'νὰ ἐπαναχθοῦμε.

σθ΄. Εἴμαστε ὅ,τι εἴμαστε ἕνεκα τῆς ἑτερότητας, ἀπὸ τὴν ὁποίαν πασχίζουμε 'ν' ἀπαλλαγοῦμε, ἀναγνωρίζοντάς την ὡς αἰτία τοῦ πλήθους, τῆς διακρίσεως καὶ τοῦ μερισμοῦ.

σι΄. Ὅπως τὸ σῶμα εἶναι τὸ ὑποδοχεῖο τῆς ψυχῆς, ὁμοίως καὶ ὁ ἐγκέφαλος τοῦ νοῦ καὶ ὄχι, ὅπως ἰσχυρίζονται πολλοί, ὁ γεννήτοράς του.

σια΄. Ἐὰν οὔτε σωματικὴ ἦναι ἡ παρουσία του οὔτε ψυχικὴ οὔτε νοητική, τότε πῶς τὸ συναισθανόμαστε; ἀλλὰ πῶς ἀλλιῶς εἰ μὴ διὰ τοῦ συγγενικοῦ του ἐντός μας μέρους, ἤτοι τοῦ πανσέπτου καὶ παναχράντου καὶ πολυτιμήτου ἑνὸς τῆς ψυχῆς.

σιβ΄. Εἶναι ἕνα φῶς λαμπρότερο ἀπὸ τοῦ ἡλίου τὸ ὁποῖο θεᾶται ἡ ψυχὴ ἀναγόμενη ἀπὸ τὸν ἐνισμὸ 'ς τὴν ἕνωσι, τὸ ὁποῖο γίνεται κάτι ὡςὰν νέο, διαφανές, ἄχραντο σῶμα της.

σιγ΄. Λανθάνει τὴν διάνοια καὶ τὸν νοῦ κινούμενο μεταξὺ ὑπάρξεως καὶ ἀνυπαρξίας, ὑποστάσεως καὶ ἀνυποστασίας, οὐσίας καὶ ἀνουσιότητας.

σιδ΄. Μόνη σωτηρία τῶν ἀνθρωπίνων κοινοτήτων εἶναι 'ν' ἀξιωθοῦν κἄποτε 'νὰ κυβερνηθοῦν ἀπὸ Πλατωνικοὺς καὶ Πυθαγορείους φιλοσόφους.

σιε΄. Ἐὰν ἐπιθυμοῦμε 'ν' ἀνέλθουμε 'ς τὸ αὐτοένα, εἶναι ἀνάγκη 'νὰ διαβοῦμε πρῶτ' ἀπὸ τὰ ἴχνη καὶ τὶς εἰκόνες του, ἤτοι τὶς ἑνάδες, τὰ σημεῖα καὶ τὶς μονάδες.

σις΄. Ὅ,τι νομίζουμε ὅτι αἰσθανόμαστε ὡς σῶμα 'δὲν εἶναι ἄλλο ἀπὸ τὴν ζωὴ τοῦ ἀλόγου μέρους τῆς ψυχῆς, ὅ,τι δὲ χωρισμένοι ἀπὸ τὸ σῶμα τοῦ ἐλλόγου καὶ θεϊκοῦ.

σιζ΄. Φλυαροῦμε, φλυαροῦμε ἀκατάπαυστα, ἐν ᾧ χρειάζεται ἁπλῶς 'νὰ σιωπήσουμε, 'νὰ ἡσυχάσουμε καὶ 'νὰ ἐνισθοῦμε.

σιη΄. Προσωπικὴ ἀθανασία εἶναι δυνατὸν 'νὰ ὑπάρχῃ μόνον ἐὰν ὑπάρχῃ καὶ προσωπικὸς θεός· ἡ ἔννοια ὅμως ἑνὸς θεοῦ προσωπικοῦ, ὄντας γελοία καὶ γραώδης, εἶναι κατ᾽ ἐμᾶς τοὺς Πλατωνικοὺς καταφρονητέα.

σιθ΄. Ὅπως οἱ ποταμοὶ πλάττουν τὶς κοῖτες οἱ ὁποῖες φαίνεται 'νὰ τοὺς ἐμπεριέχουν, ὁμοίως καὶ οἱ ψυχὲς πλάττουν τὰ σώματα, εἰσρέοντας ἀκατάπαυστα 'ς τὴν γένεσι.

σκ΄. Τετραχῶς προσεγγίζεται τὸ πρῶτο· διαλεκτικῶς, διὰ τῆς μεταβάσεως ἀπὸ τὸ ἕνα 'ς τὰ πολλὰ καὶ ἀπὸ τὰ πολλὰ 'ς τὸ ἕνα· ἀποφατικῶς, διὰ τῆς σταδιακῆς ἀφαιρέσεως τῶν πάντων ἀπὸ τὰ πάντα· ἑνιστικῶς, διὰ τῆς συναγωγῆς τῶν δυνάμεων τῆς ψυχῆς καὶ τῆς εὑρέσεως τοῦ ἑνὸς ἐντός της· καὶ ἐνθουσιαστικῶς, διὰ τῆς ἐγέρσεως τοῦ ἀναγωγοῦ καὶ θείου ἔρωτος.

σκα΄. Εἶναι τόσο ἀπερίληπτη ἡ παρουσία του, ὥςτε τὴν αἰσθανόμασθε ᾿νὰ περιλαμβάνῃ τὰ πάντα· ὅσο δὲ ἰσχυρότερα τὴν αἰσθανόμασθε, τόσο ἐξασθενεῖ ὅλων τῶν ἄλλων, ἀκόμη καὶ ἡ ἰδική μας.

σκβ΄. Ἱστάμενη κατὰ τὸν θεῖο Πλωτῖνο ἡ ψυχὴ μεταξὺ αἰσθητῶν καὶ νοητῶν, θεᾶται τὰ ὄντως ὄντα ᾿νὰ διαυγάζουν καὶ τοὺς λόγους ὡς ὁμοιώματά τους ᾿νὰ κατέρχωνται· ἐμφωτισμένη δὲ ἀπὸ τὸ θεῖο φῶς ἄρχεται ἀμέσως ᾿ν᾿ ἀναβλύζῃ ὅ,τι ἀποθαύμασ᾿ ἐστραμμένη πρὸς τὸν νοῦ, ἀπογεννῶντας ἀκατάπαυστα τὰ ἔνυλα αἰσθητὰ καὶ καθορῶντας τοὺς θείους λόγους ὡς ἔρωτες ἀνερχόμενοι ᾿νὰ ἐπιστρέφουν.

σκγ΄. Ὅταν ἐκφαίνεται τὸ ἕνα ἐντός τους, τὰ πάντα γίνονται ἀβαρῆ, ἄογκα, ἀδιάστατα καὶ ἀμεγέθη.

σκδ΄. Ἄλλο τὸ πρόσωπο καὶ ἄλλο ἡ

ψυχική μας ἑτερότητα· διότι ἡ μὲν προϋπάρχει τῆς καθόδου τῆς ψυχῆς 'ς τὸν τόπο τῶν σωμάτων, τὸ δὲ εἶναι ἕνα ἐφήμερο ἀπογέννημα τῆς ἐγκόσμιας, ἐνσώματης ζωῆς μας.

σκε´. Ὅπως ἀκριβῶς ἀκολουθεῖται ἡ ἀποφατικὴ ὁδὸς ὥστε 'νὰ γνωρισθῇ ὄχι ὅ,τι εἶναι θεῖο, ἀλλ᾽ ὅ,τι 'δὲν εἶναι, ὁμοίως ἀκολουθεῖται καὶ ὡς πρὸς τὴν ψυχή, ὥστε 'νὰ γνωρισθῇ, ὄχι ὅ,τι εἶναι, ἀλλ᾽ ὅ,τι 'δὲν εἶναι, ἀφ᾽ οὗ μετέχει καὶ αὐτὴ 'ς τὴν ἀρρησία καὶ ἀγνωσία τοῦ θεοῦ.

σκς´. Κινδυνεύει ἡ ψυχή, ἐὰν μὴ διδαχθῇ 'νὰ ἐπιστρέφη 'ς τὸν ἑαυτό της καὶ 'νὰ ἑνίζεται, 'νὰ περιπλανᾶται αἰῶνες μακριὰ ἀπὸ τὸν θεό, ἐκπίπτοντας εἰς σώματα ὁλοένα καὶ κατώτερα.

σκζ´. Ἐὰν ὁ ἄνθρωπος ἦναι λογικός, θὰ ἦναι καὶ ὁ κόσμος· διότι ἐὰν ἦταν ἄλογος ὁ κόσμος, θὰ ἦταν καὶ ὁ ἄνθρωπος, ἀφ᾽ οὗ ἡ λογικότητα τοῦ ἑνὸς ἀντικατοπτρίζεται 'ς τοῦ ἄλλου· ὥςτε δοξάζοντας ὅτι ὁ ἄνθρωπος εἶναι τὸ μόνο λογικὸ ἀπογέννημα ἑνὸς ἄλογου κόσμου παραλογιζόμαστε.

σκη΄. Ἔχοντας φέρει ἡ ψυχὴ 'ς τὸν νοῦ της τὴν ἑνότητα, τὴν νοεῖ πρῶτα μὲ' ὅλη της τὴν δύναμι καὶ ἔπειτα ἑνισμένη τῆς παραδίδεται.

σκθ΄. Συμβαίνει ἐνίοτε ἐντὸς τοῦ λαμπρότερου ἡλιακοῦ φωτὸς 'νὰ διακρίνεται ἕνα ἄλλο λαμπρότερο, ὡσὰν ἐκπηγασμένο ἀπὸ ἕναν ἀθέατο μυχό· συμβαίνει δὲ τὸ λαμπρότερο τοῦτο φῶς 'νὰ καθορᾶται μὲ' τὰ 'μάτια κλεισμένα.

σλ΄. 'Σ τὸν βυθὸ τῆς ψυχῆς συναπαντῶνται συνενωμένα τὰ πάντα.

σλα΄. Ἀγαποῦμε ὄχι τὴν ὕλη, ἀλλὰ τὰ εἴδη, τὰ ὁποῖα ὄντας ἔνυλα, πρὶν κἂν προφθάσουμε 'νὰ τὰ χαροῦμε, καταφθείρονται, ἀφήνοντας μόνο μίαν ἀ-

νάμνησι ζωῆς, προοριζόμενη καὶ αὐτὴ
᾿ν᾿ ἀπολεσθῇ.

σλβ΄. Ὅσο βαθύτερα ῥιζώνει ἡ ψυχὴ
᾿ς τὸ σῶμα τόσο περισσότερο βυθίζε-
ται ᾿ς τὴν ἀλογία· οἱ δὲ δυνάμεις της
τόσο ἐξασθενοῦν, ὥςτε ἡ ἔφεσι γίνεται
βούλησι, ἡ βούλησι θέλησι, ἡ θέλησι
ἐπιθυμία, ἡ ἐπιθυμία ὄρεξι καὶ ἡ ὄρεξι
ὁρμή.

σλγ΄. Ὅταν ὁ νοῦς ἐφαφθῇ ἀπὸ τὴν ἑ-
νότητα -διότι ἄλλος τρόπος ᾿δὲν ὑπάρ-
χει ἀπὸ τὴν ἐπαφή- ἡ ψυχὴ ἀνατείνε-
ται αὐθωρεὶ ᾿ς τὸ ἀγαθό.

σλδ΄. Ὅσο ἄτοπο θὰ ἦταν ἐὰν λεγόταν
ὅτι ἡ ναῦς κατασκευάζει τὸν ἑαυτό της
καὶ τὸν κυβερνήτη της, ἄλλο τόσο ὅτι
τὸ σῶμ᾿ ἀπογεννᾷ τὴν ψυχὴ καὶ τὸν
νοῦ ὁ ὁποῖος τὸ κυβερνᾷ.

σλε΄. Τὸ σῶμα εἶναι τὸ ἔνυλο ὅριο τῆς
ἄυλης, ἀνέκλειπτης, ἀκατάλυτης ζωῆς
τῆς ψυχῆς.

σλς΄. Κατὰ τὴν ἐπανειλημμένη ἐπίκλη-
σι τοῦ ὀνόματος τοῦ ἑνὸς ἂς μὴ ἀδρα-
νῇ ὁ νοῦς, ἀλλ᾽ ἂς ἀνέρχεται πρὸς αὐ-
τό, κινούμενος κατὰ τὸ δυνατὸν ᾽νὰ τὸ
ἐννοήσῃ.

σλζ΄. Τὸ ᾽νὰ λέγουμε ὅτι ἡ ψυχὴ εἶναι
ἐντὸς τοῦ σώματος εἶναι ὡσὰν ᾽νὰ
διατεινώμαστε ὅτι εἶναι δυνατὸν τὸ
πέλαγος ᾽νὰ χωρέσῃ ᾽ς ἕνα σταμνί.

σλη΄. Ἡ ἑνότητα ἀρχίζει ᾽νὰ ἐμφαίνε-
ται ἀμυδρὰ ὅταν κατὰ τὸν ἐνισμὸ ἀ-
πόλλυται κατ᾽ ὀλίγον ἡ αὐτοσυναισθη-
σία.

σλθ΄. Εὔκολ᾽ ἀφήνει ἡ ψυχὴ κατὰ τὴν
ἀνάβασι τὴν ὄσφρησι καὶ τὸ ὀσφραν-
τό, τὴν γεῦσι καὶ τὸ γευστό, τὴν ἀκοὴ
καὶ τὸ ἀκουστό, τὴν ὄρασι καὶ τὸ ὁρα-
τό, τὴν ἀφὴ καὶ τὸ ἁπτό· δυσκολώτερα
τὴν φαντασία καὶ τὸ φανταστό, τὴν
δόξα καὶ τὸ δοξαστό, τὴν διάνοια καὶ
τὸ διανοητό· δυσκολώτατα τέλος τὴν
νόησι καὶ τὸ νοητό, τὴν προσοχὴ καὶ

τὸ προςεκτό, τὴν συναίσθησι καὶ τὸ συναισθητό.

σμ΄. Ἕνεκα τῆς φύσεώς της ἀντιλαμβάνεται ὡς πλῆθος τὸ ἕνα ἡ ψυχή, πολλαπλασιάζοντας ἐπ᾽ ἄπειρον τὰ ἴχνη του, ἤτοι τὰ σημεῖα καὶ τὶς μονάδες.

σμα΄. Ἑνιζόμαστε ὅταν ἡ συναίσθησι παύοντας ᾽νὰ ἦναι τοῦ σώματος καὶ τῶν ἔξω, γίνεται τοῦ ἑαυτοῦ της.

σμβ΄. Δημιουργὸς εἶναι ἡ θεία ἐνεργὴς ἀπροςδιοριστία ἢ ἡ ἀπροςδιόριστη θεία ἐνέργεια ἢ ἡ ἐνεργὴς ἀπροςδιόριστη θεότητα τῆς αἰφνίδιας μεταβάσεως ἀπὸ τὸ νοητὸ ᾽ς τὸ αἰσθητό.

σμγ΄. Κατὰ τὴν ἐγκόσμια ζωὴ τῆς ψυχῆς χαρὰ εἶναι μόνον ἡ πορεία πρὸς τὴν συναίρεσι καὶ τὴν ἕνωσι, ὅλα δὲ τ᾽ ἄλλα εἶναι ἐρημία, ἀπελπισία, θλῖψι καὶ ἀπόγνωσι.

σμδ΄. Ὅσο ἀνερχόμαστε ΄ς τὸ ἀγαθὸ τὸ ἔνυλο γίνεται ἄυλο, τὸ ὠγκωμένο ἄογκο, τὸ μεγεθυμένο ἀμέγεθες, τὸ διαστατὸ ἀδιάστατο, τὸ χρονωμένο ἄχρονο, τὸ μεριστὸ ἀμέριστο καὶ τὸ πλῆθος ἕνα.

σμε΄. Ὁμολογοῦμε ὅτι ὁ πρῶτος θεὸς ΄δὲν εἶναι ἄλλο εἰ μὴ μία ἀπρόσωπη ἀρχὴ ἑνότητας, ΄ς τὴν ὁποίαν εἶναι δυνατὸν ΄νὰ ἐπιστραφοῦμε ἡσυχάζοντας καὶ συλλέγοντας τὴν ψυχή.

σμς΄. Τί ἆρά γε μέλλεται τῆς ψυχῆς μετὰ τὸν χωρισμό της ἀπὸ τὸ σῶμα, ἀνασυναίσθησι τοῦ μέρους, συναίσθησι τοῦ ὅλου, ψιλὴ συναίσθησι ἢ ἀσυναισθησία;

σμζ΄. Ἀνερχόμαστε ΄ς τὸ πρῶτο εἴτε διὰ τοῦ νοῦ, συνάγοντας τὰ διαιρεμένα, αἰωνίζοντας τὰ ἔγχρονα καὶ ἑνίζοντας τὸ πλῆθος, εἴτε διὰ τῶν ἑνάδων, ἐγείροντας ἐρωτικὰ τὸ ἐντός μας ἕνα, συνάπτοντάς το πρὸς τὸ ἕνα τῶν πολλῶν καὶ ἀναβαίνοντας ἐκεῖθεν 'ς τὸ αὐτοένα.

σμη΄. Ὅταν ἀπέχουμε πολὺν καιρὸ ἀπὸ ζωώδεις ἕξεις ὅπως ἡ σαρκοφαγία καὶ οἱ ἀφροδισιασμοί, μᾶς φαίνονται πλέον ἀκόμη ζωωδέστερες.

σμθ΄. Ἐλλάμπεται καὶ εὐφραίνεται ἡ ψυχή, ὅταν συνάπτῃ τὴν πρὸ τῆς ζωῆς τοῦ σώματος ζωή της πρὸς τὴν πρὸ τῆς ζωῆς τοῦ σώματος ζωὴ τῶν ἄλλων ψυχῶν.

σν΄. Παιδεία καθ᾽ ἡμᾶς εἶναι ἡ διὰ τῆς καθάρσεως τῆς ψυχῆς ἀπὸ τὰ πάθη πρόςκτησι τῶν ἀρετῶν καὶ ὄχι, μὰ τὸν Δία, ἡ πολυμάθεια· διότι τί ὠφελεῖται ὁ ἄνθρωπος γνωρίζοντας ποῦ εὑρίσκεται ἡ Σογδιανὴ ἢ ἡ Γανδάρα ἢ πότε ἔγινε ἡ ἐν Σαλαμῖνι ναυμαχία, ἐὰν μὴ ἔχῃ μάθει 'νὰ τιθασεύῃ τὸ στομάχι του, τὸ αἰδοῖο του καὶ τὴν γλῶσσα.

σνα΄. Ὅταν ἀπόλλυται ἡ συναίσθησι

τοῦ σώματος, συναπόλλυνται ἀκολού-
θως καὶ ἡ συναίσθησι τοῦ τόπου, τοῦ
χρόνου, τοῦ πλήθους καὶ παντὸς ἄλ-
λου αἰσθητοῦ.

σνβ΄. Ἀνευρίσκεται μόνον ὅταν τοῦ ἔ-
χουμε πλέον ἐξ ὁλοκλήρου ἀφεθῇ· δι-
ότι ὅσο ἐπιχειροῦμε ᾽νὰ τὸ προσπελά-
σουμε, τόσο περισσότερο τοῦ ἀπομα-
κρυνόμαστε.

σνγ΄. Ὁπόταν βιώνουμε τὴν χωριστὴ
ζωὴ τῆς ψυχῆς, βεβαιωνόμαστε ὅτι ἡ
ζωὴ ᾽δὲν εἶναι τοῦ σώματος, ἀλλ᾽ ἔρ-
χεται ἔξωθεν ᾽ς αὐτό.

σνδ΄. Οὔτε δεικνύεται οὔτε γνωρίζεται
οὔτε λέγεται· διότι ἂν δεικνυόταν,
γνωριζόταν ἢ λεγόταν θὰ ἦταν ἕνα ἐκ
τῶν πάντων καὶ ὄχι τὸ ἕνα πρὸ τῶν
πάντων.

σνε΄. Ὅταν τὸ αἰσθανώμαστε γίνεται
κόσμος αἰσθητός, ὅταν τὸ νοοῦμε νο-
ητὸς καὶ ὅταν ἐνιζώμαστε ἕνα.

σνς΄. Ἂν καὶ αἰωνίως ἑνωμένη ἡ ψυ-
χή, ἐπειδὴ κᾴτι προςτέθηκε κατὰ τὴν
κάθοδό της, ἀπώλεσε ὅ,τι πολυτιμότε-
ρο εἶχε, ἤτοι τὴν συναίσθησι τῆς ἑνό-
τητας· ὅταν ὅμως διὰ τῆς φιλοσοφικῆς
ἀσκήσεως ἀπόλλυται τὸ προςτεθέν,
τούτη ἡ συναίσθησι εὐθὺς ἐπανευρί-
σκεται.

σνζ΄. Ὄχι μόνο μὴ βαθύνουμε τὸ ἐπί-
πεδον κατὰ τὸ λόγιον, ἀλλὰ μήτε τὴν
γραμμὴ ποιήσουμ᾽ ἐπίπεδο μήτε τὸ
σημεῖο γραμμή· διότι τὸ ἄριστο εἶναι
᾽ν᾽ ἀκινητῇ ἡ ψυχὴ μόνη ᾽ς τὸν ἑαυτό
της.

σνη΄. Ἂς προςεγγίζεται τὸ πρῶτο καὶ
τιμιώτατο διὰ τοῦ νοῦ καὶ τῶν ἑνάδων
ἐν ἡσυχίᾳ, ἀκινησίᾳ καὶ σιωπῇ καὶ ὄχι
διὰ μανικῶν ὀρχήσεων, κραυγῶν,
πληγῶν, οἰμωγῶν καὶ ὀδυρμῶν.

σνθ΄. Φῶς ἐλλάμπον ἔσωθεν τὸ ἕνα
τῆς ψυχῆς.

σξ΄. Ἕνεκα τοῦ ἴχνους τοῦ ἑνὸς ἐντός μας, χάριν τοῦ ὁποίου συνεχόμαστε, σῳζόμαστε καὶ ἐνιδρυόμαστε ᾿ς τὴν ἑνότητα, εἴμαστε ἕνα, καίτοι τὸ σῶμα εἶναι πολλὰ καὶ ἡ ψυχὴ ἕνα καὶ πολλά.

σξα΄. Ἰσχυρότερη ἀπόδειξι τῆς χωριστότητας τῆς ψυχῆς εἶναι ἡ αὐτεπιστροφία της.

σξβ΄. Πῶς ὄντας ἄπειρο καὶ ἑνιαῖο τὸ ἀντιλαμβανόμαστε ὡς πλῆθος; ἐπειδὴ τοῦ θέτουμε ὅρια διὰ τοῦ νοῦ· θέτοντάς του δὲ ὅρια τὸ μερίζουμε, ὅπως μερίζεται ἡ ἄπειρη γραμμὴ ᾿ς τὴν ὁποία ὅταν τεθῇ ἕνα γίνεται δύο, ὅταν δύο τρία, ὅταν τρία τέσσερα καὶ οὕτω καθεξῆς.

σξγ΄. Ἐπειδὴ ἡ ψυχὴ ῥέπει ἄλλοτε πρὸς τὴν φιλαυτία καὶ τὸν χωρισμὸ καὶ ἄλλοτε πρὸς τὴν φιλοθεΐα καὶ τὴν ἕνωσι, τέλος τῆς πλατωνικῆς ἀσκήσεως εἶναι ἡ ἐξασθένισι τῆς πρώτης ῥοπῆς καὶ ἡ ἐνδυνάμωσι τῆς δεύτερης.

σξδ΄. Ὅπως ’δὲν βλέπουμε τὸ φῶς, ἀλλὰ διὰ τοῦ φωτός, οὕτως ὑπάρχουμε διὰ τοῦ ἑνός, ἀκόμη καὶ μὴ αἰσθανόμενοι τὴν παρουσία του.

σξε΄. Ἐπανευρίσκουμε τὴν ἀκρότατη ζωὴ τῆς ψυχῆς, ὅταν κατὰ τὴν ὑπαναχώρησί της ἀπὸ τὸ σῶμα ἐπαναθροίζωνται οἱ δυνάμεις της, συνάγωνται οἱ νοήσεις της καὶ ἑνίζεται.

σξϛ΄. Ὁμολογητέον ὅτι ἡ μόνη δυνατότητα αἰώνιας ζωῆς τοῦ μέρους εἶναι ἡ ἐπιστροφή του ’ς τὸ ὅλον, ἀπὸ τὸ ὁποῖο ἄλλωστε οὐδέποτε ἀποτμήθηκε.

σξζ΄. Ὁ μέγας ἐνιαυτὸς ’δὲν εἶναι χρονικὴ μονάδα φυσική, ἀλλὰ ψυχική· σημαίνει δὲ τὸν μέγα κύκλο τῆς ψυχῆς ἀπὸ τὴν κάθοδό της ’ς τὸν τόπο τῶν σωμάτων μέχρι τῆς ἀποκαταστάσεώς της ’ς τὸν τόπο τῶν νοητῶν.

σξη΄. Ἂς μὴ προσπαθοῦμε ’νὰ ἑνισθοῦμε ἐκριζώνοντας τὴν ῥοπὴ τῆς

ψυχῆς πρὸς τὴν ἀτομικὴ χωριστὴ ὕ-
παρξι, ἀλλ’ ἀφήνοντάς την κατ’ ὀλί-
γον ’νὰ σβησθῇ, ὑποδαυλίζοντας τὴν
ἐνάντια ῥοπή της πρὸς τὴν ἑνότητα.

σξθ΄. Ἐὰν θεωρήσουμε πρῶτα τὸ ἕνα
τοῦ παντός, ἀφαιρέσουμε δὲ ἔπειτα τὰ
πάντα ἀπὸ τὸ πᾶν κρατῶντας μόνο
τὴν ἑνότητα, ἔχουμε ἤδη ἐφαφθῆ ἀπὸ
τὸ ἕνα τῶν πάντων.

σο΄. Ὑπάρχει πρὶν νοηθῇ, γίνεται δὲ
νοητὸ ὅταν νοῆται· ’δὲν εἶναι ὅμως,
ἀλλ’ ἐμφαίνεται ὡς τέτοιο ἐντὸς τοῦ
νοῦ.

σοα΄. Φιλοσοφικὴ προσευχὴ εἶναι ἡ
καθ’ ἑκάστην ἐκπνοὴ νοερὴ ἐπίκλησι
τοῦ ὀνόματος τοῦ ἑνός, ἕως ἂν πᾶσα
διάκρισι καταπαυθῇ καὶ ἀνευρεθῇ ἡ ἑ-
νότητα τῆς ψυχῆς.

σοβ΄. Ἐπειδὴ ὁ νοῦς γίνεται ὅ,τι νοεῖ,
ὅταν νοῆ τὸ πλῆθος πληθύνεται καὶ ὅ-
ταν τὸ ἕνα ἑνίζεται.

σογ΄. Καίτοι κατὰ τὰ πρῶτα ἔτη τῆς ἐνσώματης ζωῆς διασῴζει ἀκόμη ἡ ψυχὴ τὴν συναίσθησι τοῦ ὅλου τὴν ὁποίαν εἶχε πρὶν ἐνσαρκωθῇ, σχηματίζεται ἐντός της κατ᾽ ὀλίγον ἕνα εἴδωλο τὸ ὁποῖο ἀντιλαμβάνεται ὡς σῶμα καὶ ἐνσώματο ἑαυτό· χρειάζεται δὲ πολὺς καθαρμός, πολλὴ μελέτη θανάτου, πολλὴ ἐξομοίωσι πρὸς τὸν θεό, ἕως ὅτου κατορθώσῃ ᾽νὰ ἐπανεύρῃ ἐκείνην τὴν πρώτη της συναίσθησι.

σοδ΄. Κατὰ τὸν ἐνισμὸ ἐνεργοῦμ᾽ ἐμεῖς, κατὰ τὴν ἔνωσι δὲ ἐκεῖνο.

σοε΄. Διστάζει ᾽ν᾽ ἀφεθῇ ἡ ψυχὴ φοβούμενη μὴ ἀπολέσῃ τὸν ἑαυτό της καὶ ἐκμηδενισθῇ· τότε ὅμως μόνον σῴζεται· διότι ἀντὶ τῆς ἐκμηδενίσεως ἔρχεται ἡ ἀταραξία, ἡ ἡσυχία, ἡ εὐδαιμονία καὶ ἡ μακαριότητα.

σος΄. Κατὰ τὴν ἐπιστροφὴ ᾽ς τὸ ὅλον πᾶσα ἀνάμνησι τοῦ μέρους ἐξαλείφεται.

σοζ΄. Τὰ πάντα ἡσυχάζουν ὅταν ἀνατρέχῃ ἡ ψυχὴ 'ς τὴν θεία πηγή της, καὶ οἱ σωματικὲς ὀχλήσεις καὶ τὰ πάθη τῶν αἰσθήσεων καὶ οἱ φαντασίες καὶ οἱ διανοητικοὶ περισπασμοί.

σοη΄. Κατὰ τὴν τέλειαν ἄφεσι οὔτ᾽ αἰσθανόμαστε οὔτε φανταζόμαστε οὔτε διανοούμαστε οὔτε νοοῦμε· ἁπλῶς εἴμαστε -ἴσως δὲ οὔτε καὶ αὐτό.

σοθ΄. Ἐπιστρέφοντας ἀπὸ τὴν ἑνότητα 'ς τὸν μερισμό -κατερχόμενοι δηλαδὴ ἀπὸ τὸ ἕνα 'ς τὴν οὐσία καὶ ἀπὸ τὴν οὐσία 'ς τὴν γένεσι- διασπώμαστε τόσο πολύ, ὥςτε λησμονοῦμε ἀκαριαίως τὴν συγγένειά μας πρὸς τὰ πάντα.

σπ΄. Καίτοι τὸ ἀγνοοῦμε, τὸ ἀποκαλοῦμε ἑνότητα, διότι μᾶς φαίνεται ἀδιαίρετο καὶ ἁπλό· ὄντας ὅμως ἀδιαίρετο καὶ ἁπλό, εἶναι ἀδύνατον 'νὰ τὸ ἐννοήσουμε, ὄντας ἄπειρο καὶ ἀπερίληπτο· ὄντας δὲ ἄπειρο καὶ ἀπερίληπτο, φλυαροῦμε ἀκατάπαυστα ὡςὰν δῆθεν

'νὰ τὸ γνωρίζουμε, ἀποκαλῶντας το
πότε ἀγαθό, πότε θεό, πότε ἄρρητο,
πότε ἕνα.

σπα΄. Ὁπόταν ἡ ψυχὴ συννεύσασα 'ς
τὸν ἑαυτό της ἑνίζεται, ἀναβιώνονται
βαθμηδὸν ὄχι μόνον ὅσα εἶχαν βιωθῆ
κατὰ τὰ πρῶτα ἔτη τῆς ἐνσώματης ζω-
ῆς της, ἀλλὰ καὶ ὅσα πρὸ τῆς καθόδου
της 'ς τὸ σῶμα, τῶν ὁποίων οἱ ἀνα-
μνήσεις πρὸ τοῦ ἑνισμοῦ εἶχαν ἀπολε-
σθῆ.

σπβ΄. Ἐπειδὴ ἕνεκα τῆς μετοχῆς τῆς
ψυχῆς 'ς τὸ ἕνα, αὐτὸ οὐδέποτε ἐκφαί-
νεται χωριστά της, εἶναι ἀδύνατον ὅσο
καὶ ἂν προσπαθῇ 'νὰ τὸ διακρίνῃ ἀπὸ
τὸν ἑαυτό της.

σπγ΄. Πῶς λέγουμε ὅτι ἑνωνόμαστε, ἐ-
ὰν ἤμαστε ἤδη αἰώνια ἑνωμένοι; ἀλλὰ
μὴ κυριολεκτῶντας καὶ ὁμολογῶντας
ὅτι φθάνουμε ἁπλῶς 'νὰ συναισθαν-
θοῦμε τὴν ἑνότητα, ἀφαιρῶντας ὅ,τι
μέχρι τότε μᾶς ἑμπόδιζε.

σπδ΄. Ἡ ψυχὴ κενώνεται καὶ ἁπλώνεται ἐρωτικά, ἕτοιμη 'νὰ ὑποδεχθῇ τὸ πρῶτο ὄχι ὡς κάτι ἄλλο, ἀλλὰ ὡς τὴν ἴδια τὴν ἐρωτική της ἅπλωσι πρὸς τὴν ἑνότητα.

σπε΄. Κατὰ τὸν ἐνισμὸ καὶ τὴν ἕνωσι ἐρχόμαστε ἐπέκεινα ὄχι μόνον τοῦ προςώπου, ἀλλὰ καὶ τῆς ἀπροςωπίας.

σπϛ΄. Ὅσο ἀφίσταται ἡ ψυχὴ τοῦ νοῦ, τόσο σωματοειδέστερη καθίσταται.

σπζ΄. Ζοῦμε τιτανικῶς ἐν χρόνῳ, διαστάσει, μερισμῷ καὶ πλήθει, ἐν ᾧ χρειάζεται 'νὰ ζήσουμε θεϊκῶς ἐν ἀχρονίᾳ, ἀδιαστασίᾳ, ἀμεριστίᾳ καὶ ἑνότητι.

σπη΄. Ὅταν ἡ ψυχὴ ἀρχίζῃ κατ᾽ ὀλίγον 'νὰ διακρίνῃ ἔστω καὶ ἀμυδρὰ τὴν ἑνότητα τῶν πάντων, εὐθὺς ἀναγνωρίζει καὶ τὴν οἰκεία της ἑνότητα.

σπθ΄. Τὸ ἕνα ἐνεργεῖ ἔσωθεν ἀργὰ καὶ

ἀνεπαίσθητα, ἀκόμη καὶ μὴ ἀντιλη-
πτό.

σή΄. Χρειάζεται ἐὰν θέλῃ ἡ ψυχὴ 'ν'
ἀναχθῇ 'ς τὸ ἀγαθό, 'νὰ ὑπερβῇ πρῶ-
τα τὸν φόβο τῆς ἀπώλειας τοῦ κό-
σμου, ἔπειτα τῶν ἄλλων ψυχῶν, μετέ-
πειτα τοῦ σώματος, τέλος δὲ τοῦ ἐν-
σώματου ἑαυτοῦ της.

σήα΄. Ἄς μὴ ἀπορῆται ἐὰν κατὰ τὴν ἄ-
νοδο γινώμαστε ἕνα μὲ' τὸ πρῶτο· δι-
ότι 'δὲν εἶναι ἕνα ἀκόμη ὂν μὲ' τὸ ὁ-
ποῖο εἶναι δυνατὸν 'νὰ ἑνωθοῦμε, ἀλ-
λ' ἐπέκεινα τοῦ ὄντος.

σήβ΄. Ὅσο συναγείρεται ἡ ψυχὴ ἀπὸ
τὸ σῶμα, συνάγονται οἱ δυνάμεις της
καὶ προχωρεῖ ὁ ἑνισμός, τόσο βαθαί-
νει ὁ ἔρωτάς της πρὸς τὸ ἕνα.

σήγ΄. Τὸ σῶμα θέτει ὅρια 'ς τὴν ψυχή,
ἀπογεννῶντας τὴν συναίσθησι ἑνὸς
χωριστοῦ, ἐνσώματου ἑαυτοῦ· ὅταν δὲ
ἡ ψυχὴ ἐπανοικῇ μόνη 'ς τὸν ἑαυτό

της, αὐτὴ ἡ συναίσθησι ἀπόλλυται, ὁ-
μοῦ μὲ᾽ τὸν χῶρο καὶ τὸν χρόνο, τὸ
ποσὸν καὶ τὸ ποιόν, τὴν ἕξι καὶ τὴν
θέσι, τὴν σχέσι, τὴν ἐνέργεια καὶ τὸ
πάθος.

σηδ΄. Ὅταν μεταβαίνουμε ἀπὸ τὸ ἔνυ-
λο ᾽ς τὸ ἄυλο, ἀπὸ τὸ σωματικὸ ᾽ς τὸ
ἀσώματο καὶ ἀπὸ τὸ μεριστὸ ᾽ς τὸ ἀ-
μέριστο, μεταβάλλεται συνάμα καὶ ὁ
τρόπος κατὰ τὸν ὁποῖον εἴμαστε καὶ
συναισθανόμαστε.

σηε΄. ᾽Σ τὴν ἐπιστραφεῖσα ᾽ς τὸν ἑαυτό
της καὶ κενωθεῖσα καὶ ἐνισθεῖσα ψυ-
χή, τὸ ὂν ἐμφαίνεται ὡς ὁλότητα φω-
τός.

σης΄. Δὲν τοῦ ἀφηνόμαστε διὰ ᾽ν᾽ ἀ-
φανισθοῦμ᾽ ἐντός του, ἀλλὰ διὰ ᾽νὰ
γίνουμε αὐτὸ καὶ ᾽νὰ τὸ βιώσουμ᾽ αἰ-
ώνια ὡς τὸν πρῶτο, ἀληθινό μας ἑαυ-
τό.

σηζ΄. Ὅταν ἀνευρίσκεται τὸ ἕνα τῆς

ψυχῆς, ἕνα νοητὸ φῶς ἐλλάμπει ἀπὸ τὴν ἄκρη τοῦ στέρνου, καταυγάζοντας τὰ πάντα.

σ᾽η΄. Ὅσο καὶ ἂν ὠδίνῃ καὶ τὸ ἐπιθυμῇ ἡ ψυχή, οὔτε εἶναι δυνατὸν 'νὰ στραφῇ 'ς αὐτό (οὔτε ὂν εἶναι οὔτε εἶδος) οὔτε πρὸς τὰ ἐκεῖ (οὔτε εἶναι ἐν τόπῳ)· ἀλλ᾽ ἔχοντας ἁπλῶς μαντεύσει τὴν ὕπαρξί του ἐφησυχάζει καὶ παραδίδεται, ἐλπίζοντας κἄποτε 'νὰ τὸ ἐπαναξιωθῇ.

σ᾽θ΄. Ὄντας ἐπέκεινα τοῦ νοῦ ἀδυνατοῦμε παντελῶς 'νὰ τὸ ἐννοήσουμε· τὸ ἐγγίζουμε δὲ διὰ μιᾶς ἀόριστης, ἀνεννόητης ἐπαφῆς, ἔχοντας πρῶτα ἐξ ὁλοκλήρου ἐνισθῇ.

τ΄. Ἐκθεώνεται ἡ ψυχὴ ὅταν ἐπὶ τέλους συνενώνεται μὲ' τὰ πάντα, ἐπανευρίσκοντας τὸν πρῶτο θεὸ ἐντός της ὡσὰν τὴν τέλειαν, ἀδιάσπαστη, ὑπαρκτικὴν ἑνότητα.

ΒΙΒΛΙΟΝ ΔΕΥΤΕΡΟΝ

τα΄. Εἴθ᾿ ἐμφωτισμένοι ἀπὸ τὸν νοητὸ ἥλιο, τὸν ὑπερουράνιο ἀστέρα, 'νὰ γνωρίζουμε τὸν ἑαυτό μας, ὅτ᾿ εἴμαστε ψυχὲς καὶ ὄχι σώματα, ὅτι κατερχόμαστε 'ς τὴν γένεσι 'ν' ἀναβιώσουμε τὴν ἔνυλη, ἐνσώματη ζωή, 'νὰ συναιρέσουμε τὰ διαιρεμένα καὶ 'νὰ ἑνίσουμε τὰ πολλά, 'ν' ἀνακομίσουμε 'ς τὴν γῆ τὴν ἐπουράνιαν ἁρμονία, ζῶντας δὲ δίκαια, ὅσια καὶ ἁγνὰ 'νὰ καθαρθοῦμε ἀπὸ τὸ σῶμα καὶ τὴν κακία τῆς ἐνσαρκώσεως καὶ 'νὰ ἐπανέλθουμε 'ς τὴν ἄρρητη, ἀπερίληπτη πηγή, τὸ ὑπερούσιο ἕνα ἀπὸ τὸ ὁποῖο προήλθαμε.

τβ΄. Ἐπανευρίσκοντας τὴν ἔσχατη, ἐσώτατην ἑνότητα ἐπαναπαντοῦμε τὴν ἄκραν ἐκείνην ἡσυχία, ἡ ὁποία λανθάνει αἰώνια ὀπίσω ἀπὸ τὸν σάλο, τὸν ὄχλο καὶ τὴν τύρβη τῆς γενέσεως.

τγ΄. Ἐπειδὴ ἡ ψυχὴ σκεδάννυται 'ς ἔργα σωματικὰ -αἰσθήσεις, δόξες, φαντασίες, ἀναμνήσεις, λογισμούς- εἶναι ἀνάγκη κάθε τόσο 'νὰ συναγείρεται ἀπὸ τὸ σῶμα, 'νὰ συναθροίζῃ ὅλες της τὶς δυνάμεις, 'νὰ ἡσυχάζῃ, 'νὰ ἑνίζεται καὶ 'ν' ἀναμένῃ ἕως ἂν τὸ ἕνα ἐντός της ἐγερθῇ, ἐκφανῇ καὶ ἐπενεργήσῃ.

τδ΄. Τέσσερα τινὰ ἂς ὁμολογηθοῦν· πρῶτον ὅτι εἶναι ἑνότητα· δεύτερον ὅτι ἡ συναίσθησι τῆς ἑνότητας εἶναι νοῦς· τρίτον ὅτι ἡ ἑνότητα ἐκτείνεται, μερίζεται καὶ πληθύνεται καὶ τοῦτο εἶναι ψυχή· τέταρτον ὅτι τὸ ἐκτεταμένο καὶ μεμερισμένο καὶ πεπληθυσμένο εἶναι κόσμος.

τε΄. Προσεγγίζουμε σιωπηλῶς, ἁπλῶς καὶ ἀνεννοήτως τὸν πρῶτο θεό, ὑπολαμβάνοντάς τον ὡς τὴν ἑνότητα τῶν πάντων πρὸ τῆς ἐκφάνσεώς τους, πρὸ δηλαδὴ πάσης ἀλληλοδιακρίσεως.

τς΄. Ἐὰν ἡ ψυχὴ ἐπιποθῇ ἀληθινῶς 'νὰ ἐπαναχθῇ 'ς τὸ πάμφωτο, τὸ πάγκαλο καὶ πανέραστο, πρέπει 'νὰ ἦναι ἑτοιμασμένη ὄχι μόνον 'νὰ κενωθῇ, ἀλλὰ καὶ 'νὰ ἐκμηδενισθῇ.

τζ΄. Κατὰ τὴν θεωρία τῶν αἰσθητῶν ἂς ἐθίζεται ὁ νοῦς 'νὰ διακρίνῃ τὸ ὂν πρὸ τοῦ γενητοῦ, τὸ ἁπλὸ πρὸ τοῦ ποικίλου, τὸ αἰώνιο πρὸ τοῦ ἐγχρόνου, τὸ καθ᾽ ὅλου πρὸ τοῦ καθ᾽ ἕκαστον.

τη΄. Ἔχοντας ἡ ψυχὴ ἀποκαθαρθῇ ἀπὸ τὸ σῶμα καὶ γίνει ὅλη νοῦς, τὰ νοητὰ ἀναφαίνονται ἐντός της ὡσὰν θεῖες ἐλλάμψεις μιᾶς πρωτοφανοῦς καθαρότητας.

τθ΄. Μυστικὴ θεωρία τοῦ ἑνὸς ὑπολαμβάνουμε τὴν ἀνάβασι τῆς ἐπεστραμμένης 'ς τὸν ἑαυτό της ψυχῆς καὶ τὴν ἕνωσί της πρὸς τὴν ἄρρητη, ὑπερούσια πηγὴ ἀπὸ τὴν ὁποία προῆλθε· ἐκκινεῖ ἀπὸ τὴν πρώτη κάθαρσι, τὴν ἀναγνώρισι τῆς ψυχῆς ὡς οὐσίας τοῦ ἀνθρώπου καὶ τὴν γνῶσι τῆς φύσεώς της, συνεχίζεται δὲ μὲ' τὴν μελέτη θανάτου, ἤτοι τὴν ἀλλοτρίωσι, ἀποκάθαρσι καὶ ἀποχωρισμό της ἀπὸ τὸ ἐν ζωῇ ἀκόμη σῶμα· προχωρεῖ ’ς τὴν ἀνάβασι ’ς τὸν θεῖο νοῦ, τὶς θεῖες νοήσεις καὶ τὰ νοητά, περατώνεται δὲ μὲ’ τὴν προςέγγισι τῆς πρώτης, πρὸ τῆς ἐμφάνειας τῶν πάντων, ἑνότητας καὶ τὴν ἀπόπειρα δι’ ἐνδείξεων καὶ ἐ- πιβολῶν ἐπιψαύσεώς της.

τι΄. Τὸ ἀγαθὸ ἐντὸς τῆς ψυχῆς εἶναι συνάμα ἡ ἐσώτατη, ἀπερίληπτη ἑνότη- τά της καὶ ἡ ἄπειρη ἔφεσί της πρὸς τὴν ἑνότητα αὐτήν.

τια΄. Τὰ πάντα συναναφαίνονται, ἄλλα ἐξαρτημένα ἀπὸ πολλά, ἄλλ’ ἀπ’ ὀλί- γα, ἄλλ’ ἀπὸ ἐλάχιστα, τὸ δὲ ἕνα ἀπὸ κἀνένα· ἅπαντα δὲ συναναφαίνονται λογικῶς, αἰτιωδῶς, καὶ ὄχι χρονικῶς.

τιβ΄. Ἐὰν ἦταν δυνατὸν ’ν’ ἀπολεσθῇ παντελῶς ἡ ἑτερότητα τῆς ψυχῆς, θὰ ἔπαυε πλέον ’νὰ ἦναι ψυχή.

τιγ΄. Φαίνεται ’ν’ ἀρχίζῃ ὕστερ’ ἀπὸ ’μᾶς, ὅταν ἐμεῖς περατωνώμαστε, ’νὰ

μὴ ἦναι ἐμεῖς, ἀλλὰ 'νὰ μᾶς περιλαμ-
βάνῃ· ἢ ἴσως 'νὰ ἦναι ἐμεῖς καὶ συνά-
μα 'νὰ μὴ ἦναι ἢ ἁπλῶς 'νὰ ἦναι ἀδύ-
νατον 'νὰ διακριθῇ ἡ ἀληθινή του φύ-
σι ἀπὸ τὶς δυνάμεις τῆς ἐνσώματης
ψυχῆς· πρὶν δὲ ἀναφανῇ φαίνεται ὡς-
ἂν 'νὰ μὴ ὑπάρχῃ, ἔχοντας δὲ ἀναφα-
νῇ ὡςὰν 'νὰ μὴ ὑπάρχουμε ἐμεῖς.

τιδ´. Ἀφορμώμενη ἀπὸ τὸ ἕνα τῶν σω-
μάτων, ἡ ἀνάβασι προχωρεῖ 'ς τὸ ἕνα
τῶν ψυχῶν, κατόπιν 'ς τὸ ἕνα τῶν νό-
ων, ὕστερα 'ς τοῦ πρώτου ἀειδοῦς ὄν-
τος, ἐκεῖθεν δὲ μέχρι καὶ τοῦ αὐτοε-
νός.

τιε´. Ἀκόμη καὶ ἂν ἡ ψυχὴ μετὰ τὸν
θάνατο τοῦ σώματος διασῴζῃ ἐπὶ μι-
κρὸν ἢ ἐπὶ μακρὸν μίαν ἀνάμνησι τῆς
ἐνσώματης ζωῆς της, ἡ ἀνάμνησι αὐτὴ
μέλλει τελικῶς 'ν' ἀποσβησθῇ.

τις´. Ἀνευρίσκοντας τὸ κοινὸ μεταξὺ
ὁμοειδῶν καὶ ὁμογενῶν, τὸν νοῦ με-

ταξὺ τῶν νοητικῶν, τὴν ζωὴ μεταξὺ τῶν ζωντανῶν, τὴν οὐσία μεταξὺ τῶν ὄντων, ἀναγόμαστε 'ς ὁλοένα καὶ καθαρώτερη νοητικὴ ζωή.

τιζ΄. Ὅταν ἤμαστε 'ς αὐτὸ 'δὲν εἴμαστε πλέον ἐμεῖς· ὅταν δὲ ἤμαστε ἐμεῖς 'δὲν εἴμαστε πλέον 'ς αὐτό.

τιη΄. Πῶς συναφθήκαμε πρὸς κάτι τόσο βαρύ, πυκνὸ καὶ ὀλιγοχρόνιο ὅπως τὸ σῶμα; πῶς πάθαμε ἆρά γ' ἕνα τέτοιο κακό;

τιθ΄. Ἐπειδὴ εἶναι ἀδύνατον 'νὰ συμβιώσουν ἁρμονικῶς θνητὸ καὶ ἀθάνατο, ἐφήμερο καὶ αἰώνιο, ἀνθρώπινο καὶ θεϊκό, εἶναι ἀνάγκη 'νὰ ἐγκαταλείψουμ' ἐντελῶς τὸν ἐνσώματο ἑαυτό μας, ἀκόμη καὶ ἂν αὐτὸ ἦναι ὅ,τι περισσότερο φοβόμαστε μὴ ἀπολέσουμε.

τκ΄. Ὅταν πρωταπαντᾶται, ὑπολαμβάνεται ὡς μηδέν· ἔπειτα κατ' ὀλίγον ὡς τὰ πάντα, μετέπειτα δὲ πρὸ τῶν πάντων καὶ ἐπέκεινα.

τκα΄. Ὅπως διὰ τῶν μαθημάτων καὶ τῆς διαλεκτικῆς ὑπερβαίνουμε τὴν αἴσθησι καὶ διὰ τῶν ἄυλων νοερῶν ἐπιβολῶν τὴν διάνοια, ὁμοίως ὑπερβαίνουμε τὸν νοῦ διὰ τῆς ἡσυχίας καὶ τῆς σιωπῆς, ἐπανευρίσκοντας ἐντός μας τὴν ἀκρότατην ἑνότητα.

τκβ΄. Ὁ νοῦς ἀπογεννᾷ καὶ συνέχει τὸν αἰσθητὸ κόσμο προςδίδοντας ΄ς τὴν ὕλη εἶδος, ΄ς τὸ πλῆθος ἀριθμό, ΄ς τὴν ἀοριστία ὅριο καὶ ΄ς τὸ ἄπειρο πέρας.

τκγ΄. Εἶναι ἀδύνατη ἡ εὐδαιμονία ἐντὸς τῆς γενέσεως καὶ δὴ κατὰ τὴν συμβίωσι μὲ΄ ἕνα σῶμα φθαρτό, θνητὸ καὶ ὀλιγοχρόνιο, ἐκτὸς ἐὰν μελετηθῇ ἡ φυγὴ ἀπὸ τὸν κόσμο καὶ τὰ αἰσθητὰ καὶ ἡ ζωὴ κατὰ τὸ αἰώνιο, νοερό, θεϊκό μας μέρος.

τκδ΄. Τί εὐλογώτερο ἀπὸ τὸ ᾽νὰ ἦναι ἐκεῖνο ἕνεκα τοῦ ὁποίου εἴμαστε, ζοῦμε καὶ νοοῦμε, ὄχι ἄνοο, ἄζωο καὶ ἀνούσιο, ἀλλ᾽ ὑπέρνοο, ὑπέρζωο καὶ ὑπερούσιο;

τκε΄. Τοῦτο εἶναι τὸ δρᾶμα τῆς ψυχῆς, ὅτι ἕνεκα τοῦ κύκλου τῆς ἑτερότητας καθέλκεται ᾽ς τὴν γένεσι, τὸ σῶμα καὶ τὸν μερισμό, ἕνεκα δὲ τοῦ κύκλου τῆς ταυτότητας ἐπανανέλκεται ᾽ς τὴν οὐσία, τὴν ἀσωμασία καὶ τὴν ἑνότητα· ὁμοιώνεται δὲ πρὸς τὸν ἑαυτό της καὶ ἀνομοιώνεται καὶ ταυτίζεται καὶ ἑτεροιοῦται καὶ τοῦτο ἀενάως, ἐκτὸς ἐὰν ἕνεκα τῆς ἀρετῆς της δεχθῆ τὴν ἔλλαμψι τοῦ ἀγαθοῦ, ἀναχθῆ ᾽ς αὐτὸ καὶ ἐκθεωθῆ.

τκϛ΄. Ἀνάβασι καὶ κατάβασι, συναίρεσι καὶ διαίρεσι, μέρισι καὶ ὁλοκλήρωσι, πλήθυνσι καὶ ἑνισμός· αὐτὲς εἶναι οἱ κινήσεις τῆς διάνοιας κατὰ τὴν πλατωνικὴ διαλεκτική.

τκζ΄. Ὁμολογοῦμε μὲ᾽ τοὺς Πυθαγορείους ὅτι ἡ ψυχή, ὡς περιληπτικὴ πάντων τῶν λόγων, εἶναι ἀριθμὸς καὶ δὴ ὁ πρῶτος -ἡ τριάδα- ὡς διέξοδος τρόπον τινὰ τοῦ νοῦ.

τκη΄. Εἰςερχόμαστε ᾽ς τὸ ἄδυτο τῆς ψυχῆς σιωπῶντας καὶ ἡσυχάζοντας, ἐκεῖ δὲ συναπαντοῦμε τὸν θεό.

τκθ΄. Ἔχοντας διανοιχθῇ ἡ ψυχὴ ᾽ς τὸ ἀγαθὸ γίνεται ἡ ἴδια ἡ διάνοιξί της καὶ ἔχοντας ἐκταθῇ ἡ ἴδια ἡ ἔκτασί της καὶ ἔχοντας ἁπλωθῇ ἡ ἴδια της ἡ ἅπλωσι.

τλ΄. Καθ᾽ ὅσον ζοῦμε κατὰ σῶμα καταντοῦμε ᾽νὰ ἤμαστε ἁπλῶς μέρη ἑνὸς ὅλου, ἔχοντας ἀπολέσει παντελῶς τὴν νοητικὴ μας ἐποπτεία· καθ᾽ ὅσον δὲ ἀνερχόμαστε ᾽ς τὸν νοῦ γινόμαστε πάλι καὶ μέρη καὶ ὅλον, ὄντας ᾽ς τὸν νοητὸ κόσμο τὰ δύο τοῦτα ἀδιαχώριστα.

τλα΄. Ἐπειδὴ ὁ θάνατος ᾽δὲν εἶναι σβέσι τῆς ζωῆς, ἀλλὰ λύσι τῆς ψυχῆς ἀπὸ τὸ σῶμα, ὀφείλουμε, χωρὶς ᾽νὰ τὸν ἐπισπεύδουμε (εἴμαστε ἄλλωςτ᾽ ἐ- δῶ κατὰ τὸ θέλημα ἑνὸς θεοῦ), ὄχι μόνον ᾽νὰ μὴ τὸν φοβώμαστε, ἀλλὰ καὶ ᾽νὰ τὸν ἐπιζητοῦμε.

τλβ΄. Ἐν ὅσῳ ἡ ψυχὴ σχετίζεται μὲ᾽ σῶμα ἀντιλαμβάνεται τὸν κόσμο διὰ τῶν αἰσθητηρίων του ὡς αἰσθητό, ὑ- παναχωρῶντας δὲ ἀπ᾽ αὐτὸ διὰ τοῦ οἰκείου της νοῦ, ὡς νοητό· ἐνισμένη παύει πλέον ᾽ν᾽ ἀντιλαμβάνεται, ἔχον- τας τρόπον τινὰ ἀφομοιωθῆ ἀπὸ τὸ ἀ- γαθό.

τλγ΄. Ἐφ᾽ ὅσον, καθὼς λέγει ὁ μέγας Πρόκλος, ὁ πρῶτος θεὸς ᾽δὲν εἶναι ἄλλο εἰ μὴ τὸ ἕνα, θέωσις καθ᾽ ἡμᾶς εἶναι ἡ ἕνωσις.

τλδ΄. Εἶναι ὀρθότερο ᾽νὰ λέγουμε ὅτι

ἐπαναγινόμαστε ἡ ψυχὴ τοῦ παντὸς ἔ-
χοντας καθαρθῆ ἀπὸ τὴν μερικότητα
τοῦ σώματος, παρὰ ὅτι ἐπιστρέφουμε
'ς αὐτήν· διότι οὐδέποτε τὴν ἀποχωρι-
σθήκαμε.

τλε΄. Ὅταν ἤμαστε -οὕτως εἰπεῖν- 'ς
αὐτὸ εἶναι ἀδύνατον 'νὰ τὸ διακρίνου-
με ἀπὸ τὸν ἑαυτό μας· διότι ἐὰν τὸ
διακρίναμε 'δὲν θὰ ἤμασταν 'ς αὐτὸ
οὔτε αὐτὸ 'ς ἐμᾶς, ὥστε μήτε ὅτι εἴμα-
στε 'ς αὐτὸ ἂς λέγουμε μήτε ὅτι 'δὲν
εἴμαστε.

τλς΄. Λύεται ἀπὸ τοῦ σώματος ἡ ψυχὴ
δι᾿ ἀσκήσεων τινῶν ὅπως ἡ νηστεία,
ἡ ἀγρυπνία καὶ ἡ χαμευνία, ἀποκαθαί-
ρεται δι᾿ ἀποχῶν ὅπως ἡ ἀκρεοφαγία,
ἡ ἀοινία καὶ ἡ ἀναφροδισία, φεύγει
τὸν κόσμο διὰ τῆς μελέτης τῶν μαθη-
ματικῶν καὶ τῆς διαλεκτικῆς, ὑπερβαί-
νει τὴν διάνοια διὰ τῶν ἄυλων νοε-
ρῶν ἐπιβολῶν, ἐπαναστρέφει δὲ ἐκ
τοῦ νοῦ 'ς τὸ μόνο καὶ ἔρημο διὰ τῆς

ἀπάθειας, τῆς ἡσυχίας, τῆς ἐρημίας καὶ τῆς σιωπῆς.

τλζ΄. Τὸ ἀποκαλοῦμε φῶς καίτοι 'δὲν εἶναι, ἐπειδὴ ἐκφαίνει προαιωνίως τὰ ἀνέκφαντα.

τλη΄. Ἐὰν κατερχώμαστε 'ς τὸ αἰσθητὸ μεγεθύνοντας τὸ ἀμέγεθες, ἐκτείνοντας τὸ ἀνέκτατο καὶ πληθύνοντας τὸ ἕνα, ἐπανερχόμαστε 'ς τὸ νοητὸ ἀπομεγεθύνοντας τὸ μέγεθος, ἀπεκτείνοντας τὴν ἔκτασι καὶ ἀποπληθύνοντας τὰ πολλά.

τλθ΄. Ἐπειδὴ ὅ,τι καὶ ἂν 'ποῦμε, εἴτε ὅτι εἴμαστε ἕνα μὲ' τὸ ἕνα εἴτε ὅτι 'δὲν εἴμαστε εἴτε ὅτι ἐρχόμαστε 'ς αὐτὸ εἴτε ὅτι αὐτὸ ἔρχεται 'ς ἐμᾶς, εἶναι ἄτοπο, καλύτερα 'νὰ σιωποῦμε.

τμ΄. Πρώτη καὶ καθαρώτατη θεωρία εἶναι ἡ τοῦ ἐπεστραμμένου 'ς τὸ ὑπερούσιο ἕνα νοῦ, δεύτερη ἡ τοῦ θείου δημιουργοῦ 'ς τὰ νοητὰ ἄυλα εἴδη, τρίτη ἡ τῆς δαιμόνιας ψυχῆς 'ς τὸν νοερὸ γεννήτορά της.

τμα΄. Ὁπόταν συννεύῃ ἡ ψυχὴ 'ς τὸ σῶμα, εὐθὺς ἡ γένεσι, ἡ φθορά, ἡ νόσος, τὸ γῆρας καὶ ὁ θάνατος ἀναφαίνονται ἐντός της· ὁπόταν ἀναστρέφεται πάλι 'ς τὸν ἑαυτό της ἐπανευρίσκει τὴν ἀγενησία, τὴν ἀφθαρσία, τὴν ἀχρονία καὶ τὴν ἀπάθεια.

τμβ΄. Εἶναι δυνατὸν 'ν' ἀπομαντευθοῦμε τὴν πρώτη ἑνότητα, ἐὰν 'στραμμένοι 'ς ἕνα αἰσθητὸ καὶ ἔχοντας προσέξει ὄχι 'ς τὸ εἶδος ἢ τὴν ὕλη του, ἀλλὰ 'ς τὴν ἑνότητά του, τοῦ ἀφαιρέσουμε διὰ μιᾶς καὶ εἶδος καὶ ὕλη, φυλάσσοντας μόνο τὴν ἑνότητα.

τμγ΄. Τὸ θεῖο ἐμφαίνεται ἐντὸς τῆς ψυχῆς ὡσὰν συναίσθησι μιᾶς ἄπειρης παρουσίας.

τμδ΄. Ὅπως τὸ ἡλιακὸ φῶς εἶναι ἀμόλυντο ἀπὸ τὶς ἀκαθαρσίες τὶς ὁποῖες τυγχάνει 'νὰ φωτίζῃ, ὁμοίως καὶ τὸ θεῖο μόριο τῆς ψυχῆς ἀπὸ τὶς ἀκαθαρσίες τοῦ σώματος τὸ ὁποῖο ζωογονεῖ.

τμε΄. Τὸ πρῶτο γέννημα τοῦ ἑνὸς εἶναι μία ἀόριστη ἀπειρία (ὅ,τι ὁ θεῖος Πλάτων ἀποκαλεῖ ἀόριστον δυάδα) ἡ ὁποία ἐπιστρεφόμενη ʼς αὐτὸ ὁρίζεται καὶ περατοῦται, τοῦ πέρατος ὄντος τὸ πρῶτο του ἴχνος.

τμϚ΄. Ἀρχομένου τοῦ ἐνισμοῦ συναισθανόμαστε ἀκόμη κάπως ἀμυδρὰ τὸν ἐνσώματο ἑαυτό μας, καθὼς δὲ προχωρεῖ, ἡ συναίσθησι τούτη γίνεται ἀμυδρότερη, ἔπειτʼ ἀκόμη περισσότερο, τέλος δὲ ἀπόλλυται ἐντελῶς.

τμζ΄. Θεωρία ὑπολαμβάνουμε τὴν θέασι τοῦ νοητοῦ ἐντὸς τοῦ αἰσθητοῦ, διάνοια τὴν κίνησι τοῦ νοῦ ἐκτὸς τοῦ ἑαυτοῦ του, νόησι τὴν ἕνωσί του πρὸς τὸ νοητό, αἴσθησι δέ, κατὰ τὸν θεῖο Πλωτῖνο, μία νόησι ἀμυδρή.

τμη΄. Εἶναι ἀνάγκη πρὶν ἡ ψυχὴ ἀναχθῇ 'ς τὸ πρῶτο 'νὰ βιώσῃ κἄτι ὡςὰν νέκρωσι ἢ ἐκμηδενισμό.

τμθ΄. Καὶ οἱ θειότατοι ἀριθμοί, καὶ οἱ θεῖες ἰδέες, καὶ οἱ δαιμόνιοι λόγοι 'δὲν εἶναι ἄλλο ἀπὸ σκιές, ἰνδάλματα καὶ ἴχνη τοῦ αὐτοενός.

τν΄. Χρειάζεται, ἐὰν μέλλουμε 'ν' ἀνέλθουμε 'ς τὴν ἀνώτατη νοητικὴ ζωή, 'νὰ ἐθισθοῦμε ὄχι μόνο 'νὰ διακρίνουμε, ἀλλὰ καὶ 'νὰ συναισθανώμαστε τὸ ἕνα πρὸ τῶν πολλῶν -τὸν ἕνα νοῦ πρὸ τῶν μερικῶν, τὴν μία ζωὴ πρὸ τῶν εἰδῶν, τὴν μίαν οὐσία πρὸ τῆς ὁλότητας τῶν ὄντων.

τνα΄. Ὅσο ἁπλούστερη γίνεται ἡ ψυχὴ κατὰ τὴν κάθαρσί της ἀπὸ τὸ σῶμα, τόσο ὀλιγώτερο διακρίνεται ἀπὸ τὶς ἄλλες· κατὰ δὲ τὴν ἐντελῆ ἁπλότητά της εἶναι σχεδὸν ἀδιάκριτη ἀπὸ τὴν ψυχὴ τοῦ παντός.

τνβ΄. Ἂν καὶ αἰωνίως ἀδιαχώριστο ἀ-

πὸ 'μᾶς, 'δὲν εἶναι ἐμεῖς οὔτ' ἐμεῖς ἐ-
κεῖνο.

τνγ΄. Τί εἶναι ἆρά γε ἀθάνατο 'ς τὸν
ἄνθρωπο; ἀλλ' ὅ,τι ἀπομένει 'ς τὸ νο-
ερὸ μέρος τῆς ψυχῆς του, ὅταν τὸ ἐγὼ
ἀφαιρεθῇ.

τνδ΄. Ὅσο περισσότερο διάγει θεωρη-
τικῶς ἡ ψυχή, συμβαίνει ὁ νοῦς, ἐν ᾧ
οἱ ὀφθαλμοὶ θεῶνται τὰ φαινόμενα,
'νὰ θεωρῇ ὁλοένα καὶ ἐναργέστερα τὸ
εἶναι πρὸ τῶν φαινομένων.

τνε΄. Εἶναι ἀδύνατον νὰ ἑνωθοῦμε μὲ'
τὰ πάντα, ἐὰν πασχίζουμε συνάμα 'νὰ
διασώσουμε ὅ,τι μᾶς ἔχει χωρισμέ-
νους ἀπ' αὐτά.

τνς΄. Μὴ λησμονοῦμε ὅτι ὅσο βαθύτε-
ρα καταδυόμαστε 'ς τὴν ψυχή, τόσο
περισσότερο ἀφήνουμε τὸ γενητό, τὸ
ἔγχρονο καὶ τὸ θνητό, διὰ 'νὰ συναν-
τηθοῦμε μὲ' τὸ ἀγένητο, τὸ ἄχρονο
καὶ τὸ ἀθάνατο· διότι κατάδυσι 'ς τὸν

ψυχικὸ βυθὸ εἶναι φυγὴ ἀπὸ τὸ πλῆ-
θος, τὸ ἄτομο καὶ τὸ καθ᾽ ἕκαστον καὶ
ἐμβύθισι ᾽ς τὸ ἀμέριστο, τὸ ἑνιαῖο καὶ
τὸ καθολικό.

τνζ΄. Ἅπασες οἱ ψυχές, ἀκόμη καὶ ἂν
μὴ τὸ ἀντιλαμβάνωνται, τείνουν ᾽νὰ ἐ-
πανενωθοῦν, ἐμποδίζονται ὅμως ἀπὸ
τὴν παχύτητα τοῦ σώματος ᾽ς τὸ ὁποῖο
μετὰ τὴν πτῶσι τους ἔχουν ἐμβυθισθῆ.

τνη΄. Μόνο γυμνοί, ἔρημοι καὶ μόνοι
εἶναι δυνατὸν ᾽νὰ φύγουμε τὰ σώματα,
τὰ πάθη καὶ τὶς ἐπιθυμίες καὶ ᾽νὰ ἐπα-
νέλθουμε ᾽ς τὸ μόνο, τὸ ἔρημο καὶ τὸ
γυμνό.

τνθ΄. Ἄλλοτε μᾶς ἐκφαίνεται ὡς πέ-
ρας, ἄλλοτε ὡς ἄπειρο, ἄλλοτε ὡς πέ-
ρας καὶ ἄπειρο συνάμα, ἄλλοτε ὡς μὴ
πέρας καὶ μὴ ἄπειρο.

τξ΄. Δυνάμεθα ᾽νὰ μαντευθοῦμε τὸ
διακριτὸ ἀλλ᾽ ἀχώριστο τῶν νοητῶν,
θεωρῶντας τὸ διακριτὸ καὶ ἀχώριστο

-ἂν καὶ πεπληθυσμένο- τῶν αἰσθητῶν, ὅπως τοῦ δέντρου ἀπὸ τὸ φυτό, τοῦ φυτοῦ ἀπὸ τὴν ζωή, τῆς ζωῆς ἀπὸ τὴν οὐσία καὶ τῆς οὐσίας ἀπὸ τὸ ἕνα.

τξα΄. Καίτοι ἡ ὁδὸς τοῦ ἐνισμοῦ εἶναι νοερή, ὅταν ἡ ψυχὴ ἐνίζεται παύει τελείως 'νὰ νοῇ.

τξβ΄. Τὸ ἕνα εἶναι ὁ πατέρας καὶ γεννήτορας τῶν πάντων, τὰ δὲ πάντα ὑπάρχουν ἑνιαίως κατ' αὐτό· διότι ἐὰν μὴ τοὺς εἶχε προςδώσει τὴν ἑνότητα ἡ ὁποία τὰ συνέχει καὶ τὰ σῴζει, θὰ εἶχαν διολισθήσει παρευθὺς 'ς τὴν ἀοριστία τοῦ ἀπείρου καὶ τὴν ἀφάνεια τοῦ μὴ ὄντος.

τξγ΄. Δέον 'ν' ἀναζητοῦμε ὅ,τι ἐντός μας ἐπιβιώνει τοῦ θανάτου, 'νὰ τὸ εὑρίσκουμε καὶ 'νὰ ζοῦμε κατ' αὐτό, καταφρονῶντας ὅλα τ' ἄλλα ὡς ἐφήμερα, θνητὰ καὶ γενητά.

τξδ΄. Ὁ ἔρωτας εἶναι καὶ ’δὲν εἶναι τῆς ψυχῆς· διότι ἔρχεται καὶ ἔσωθεν καὶ ἔξωθεν, ὄντας συνάμα τὸ ἄκρο τῆς ἐφέσεώς της καὶ τὸ ἐπέκεινα.

τξε΄. Καὶ ἐνισμένη ἀκόμη ἡ ψυχὴ κινδυνεύει ’νὰ διολισθήσῃ ’ς τὸ μηδαμῶς ὄν, ἐὰν κατὰ τὸν ἐνισμό της τὸ θεῖο ἐντός της μὴ ἐνεργήσῃ.

τξς΄. Ἐὰν μὴ ὁ βίος μας ἁγνίζεται διαρκῶς, εἶναι ἀδύνατον ’ν’ ἀναχθοῦμε ’ς τὰ καθαρά, τ’ ἀσώματα, τ’ ἀίδια καὶ τὰ νοητά.

τξζ΄. Ἡ ζωὴ εἶναι νόησι καὶ ἡ νόησι ζωή καὶ ἡ μὲν νόησι εἶναι ἡ μέγιστη καὶ κάλλιστη ζωή, ἡ δὲ ζωὴ ἡ μέγιστη καὶ κάλλιστη νόησι· εἶναι δὲ ἀδιαχώριστες, ἐὰν δὲ διαχωρισθοῦν παύουν διὰ μιᾶς ’νὰ κατανοοῦνται.

τξη΄. Εἶναι ἡ παρουσία τῶν πάντων ὅλως, ἀθρόως, ἑνιαίως καὶ ἀδιακρίτως.

τξθ΄. Ἡ κατ᾽ ἐπανάληψιν ἐπίκλησι τῶν ὀνομάτων τοῦ ἑνὸς βοηθεῖ τὴν διάνοια καὶ ᾽νὰ μὴ περισπᾶται ᾽ς ἀνωφελεῖς καὶ βλαβεροὺς λογισμοὺς καὶ ᾽νὰ μὴ ῥυπαίνεται ἀπὸ τὶς ἀκαθαρσίες τῶν ἐγκόσμιων φαντασιῶν.

το΄. Δυνάμεθ᾽ ἀκόμη καὶ κατὰ τὴν ἐνσώματη βιοτή μας ᾽νὰ προσπελάσουμε τοὺς λόγους ᾽ς τοὺς ὁποίους μετέχουν τὰ αἰσθητά, ὅταν προσέξουμε ᾽ς ἕνα ἀπ᾽ αὐτὰ ἐπὶ μακρὸν καὶ ἔπειτα διὰ μιᾶς τοῦ ἀφαιρέσουμε τὸ εἶδος, ὅπως ὅταν ἔχοντας προσέξει ᾽ς τὴν εὐθύτητα τοῦ εὐθέος ἀφαιρέσουμε διὰ μιᾶς τὸ εὐθύ, τὴν κυρτότητα τοῦ κυρτοῦ τὸ κυρτὸ ἢ τὴν δικαιοσύνη τοῦ δικαίου τὸ δίκαιο.

τοα΄. Μὴ διαλανθάνῃ ὅτι μετέχοντας ᾽ς αὐτὸν καὶ ὄχι κατέχοντάς τον βιώνουμε τὸν πρῶτο μας ἀγέννητο ἑαυτὸ.

τοβ΄. Ἐπιστρέφουμε κατ᾽ ὀλίγον ᾽ς τὴν

πρώτη ἑνότητα τῆς ψυχῆς, ὅταν ἐν ἐ-
ρημίᾳ, ἡσυχίᾳ καὶ σιωπῇ καταλήγουμε
ἁπλῶς 'νὰ συναισθανώμαστε τὴν ἴδια
μας τὴν συναίσθησι.

τογ΄. Ὁ βυθὸς τῆς ψυχῆς εἶναι ἕνα
λαμπρὸ φῶς ἐντὸς τοῦ ὁποίου ὁτιδή-
ποτε ἄλλο ἐκθολώνεται καὶ σβήνει.

τοδ΄. Ἀληθὴς νόησι τῆς ψυχῆς εἶναι
μόνον τοῦ ἑαυτοῦ της καὶ τῆς πηγῆς
της -ὅλα τ᾽ ἄλλα εἶναι ὀνειροπόλησι,
παραίσθησι, εἰκασία καὶ φαντασία.

τοε΄. Ὁτιδήποτε ἐμφαίνεται 'ς τὸν νοῦ
κατὰ τὴν θεωρία, τὴν προσευχὴ ἢ τοὺς
ἐνθουσιασμοὺς 'δὲν εἶναι ἐκεῖνο· διό-
τι μὴ ὄντας τί ποτε ἀπὸ ὅσα εἶναι, μό-
νον ὁ παντελῶς κενωμένος νοῦς τὸ
ἀντιλαμβάνεται.

τος΄. Ἡ ἔκστασι τῆς ψυχῆς εἶναι μία
οἱωνεὶ ἀνέκτατη ἔκτασί της.

τοζ΄. Κατ᾽ ἀρχὰς τὸ εἶναι φωτίζεται ἀμυδρῶς, τὸ φῶς ἔπειτα ἐντείνεται καὶ ἐκτείνεται παντοῦ, κατόπιν εἶναι καὶ φῶς παύουν 'νὰ διακρίνωνται, τέλος δὲ τὸ φῶς γίνεται εἶναι καὶ τὸ εἶναι φῶς.

τοη΄. Ἡ ψυχὴ εἶναι ἡ πλατυτέρα τῶν οὐρανῶν.

τοθ΄. Ἡ τριβὴ μὲ' τὴν κατὰ τὸν Πλάτωνα καὶ τοὺς Πυθαγορείους φιλοσοφία δέον 'ν' ἄρχεται ἀπὸ τὶς ἀποχές (τοῦ κρέατος, τοῦ οἴνου, τῆς πολυπνίας, τῶν ἀφροδισίων) καὶ μόνον ἔπειτα 'νὰ προχωρῇ 'ς τὶς διδασκαλίες.

τπ΄. Ἐκλαμβάνουμε τὸν πρῶτο θεὸ ὡς ἁπλῶς ἑνότητα, τὸν δεύτερο ὡς ἑνότητα 'στραμμένη 'ς τὸν ἑαυτό της, τὸν τρίτο ὡς ἑνότητα ἐκτεταμένη, μεμερισμένη καὶ σκεδαστή.

τπα΄. Εἶναι κάτι ὡσὰν ἐγρήγορσι ἄνευ συναισθήσεως, 'ς τὴν ὁποίαν μόνον μυστικῶς καὶ ἀνεννοήτως ἀνέρχεται ἡ ψυχή.

τπβ΄. Ἐπιθυμοῦμε σφοδρὰ 'νὰ τὸ ἐναγκαλισθοῦμε, ἀλλ' ἐκεῖνο μὴ ἔχοντας μήτε ἔκτασι μήτε ὅριο μήτε ὄγκο μήτε μορφὴ ὁλοένα μᾶς διαφεύγει.

τπγ΄. Ϛ ὅλους ἀναφαίνονται ἀναμνήσεις -καὶ δὴ οὐκ ὀλίγες- τῶν προβιοτῶν τους, ἐλάχιστοι ὅμως τὶς ἀναγνωρίζουν· διότι εἶναι ἀδιόρατες, ἀδύναμες καὶ ἀμυδρές, συνήθως δὲ δυϛδιάκριτες ἀπὸ τὰ πλάσματα τῆς φαντασίας.

τπδ΄. Ἐκεῖνο ἕνεκα τοῦ ὁποίου εἴμαστε παρεῖναι παντοῦ προαιωνίως, εἴμαστε δὲ ἐντός του καὶ πρὶν γεννηθοῦμε καὶ ἐν ὅσῳ ζοῦμε καὶ ἀφ' οὗ πλέον τελευτήσουμε.

τπε΄. Ἀληθινὴ ἀκτημοσύνη εἶναι τὸ 'νὰ μὴ ὑπολαμβάνουμε τί ποτε ἰδικό μας, οὔτε κἂν τὸ σῶμα ἐντὸς τοῦ ὁποίου ἔ-

χουμ' ἐρρίφθῃ.

τπς΄. Καθ' ὅσες ἐνσώματες ψυχὲς ζοῦν κατὰ λόγον καὶ νοῦν, 'στραμμένες κατὰ τὸ δυνατὸν ὄχι 'ς τὸ μέρος ἀλλὰ 'ς τὸ ὅλον, ὁ αἰσθητὸς κόσμος εἶναι ἕνα ἱερὸ τοῦ θεοῦ, πλῆρες λαμπρῶν καὶ θείων ἀγαλμάτων· καθ' ὅσες κατὰ θυμὸν καὶ ἐπιθυμίαν, δεσμώτιδες τοῦ σώματος, καὶ Ἔρεβος καὶ Τάρταρος καὶ Ἅδης.

τπζ΄. Ἐὰν ἐπιδιώκεται μόνον ὅτι εἶναι δυνατὸν 'νὰ ἐπιτευχθῇ ὁπουδήποτε καὶ ὁποτεδήποτε, ὅπως ἡ μελέτη, ἡ ἡσυχία, ἡ θεωρία ἢ οἱ ἑνισμοί, εἶναι δυνατὸν 'νὰ ἐγγισθῇ τὸ θεῖο ἀκόμη καὶ κατὰ τὴν ἐγκόσμια ζωή μας.

τπη΄. Εἶναι ἀναγκαῖο 'ν' ἀνευρεθῇ ἡ ἱερὴ ἐκείνη στάσι, ἡ ἱερὴ ἐκείνη ἡσυχία, ἡ ἱερὴ ἐκείνη σιγή, χάρι 'ς τὴν ὁποίαν ἐπαναγόμαστε 'ς τὴν θεία πηγή μας, τὸ ἕνα ἐκεῖνο πρὸ καὶ ἐπέκεινα τῶν πάντων· διότι ἐὰν μὴ ἀνευρεθῇ ἐ-

δῶ καὶ τώρα, δὲν θ' ἀνευρεθῇ οὔτε μετὰ θάνατον, ἀλλὰ θὰ περιπλανώμαστε ἀπὸ σῶμα εἰς σῶμα εἰς τοὺς αἰῶνες, ὁλοένα λησμονῶντας το καὶ ὁλοένα ἀφιστάμενοι ἀπ' αὐτό.

τπθ'. Τὸ θεῖο ἃς ὑπολαμβάνεται ὄχι μόνον ἐπέκεινα τοῦ προςώπου, ἀλλὰ καὶ τῆς ἀπροςωπίας.

τዓ'. Μόνον ἐὰν βιωθῇ ἡ χωριστὴ ζωὴ τῆς ψυχῆς εἶναι δυνατὸν 'νὰ κατανοηθῇ ἡ ἀληθινή της φύσι· εἰ δ' ἄλλως ἀπλῶς θ' ἀδολεσχοῦμε καὶ θὰ ματαιοπονοῦμε.

τዓα'. Ἐρχόμαστε 'ς τὴν θέα τῶν ὄντως ὄντων μόνον διὰ μιᾶς καὶ μόνης ἐπιβολῆς, ἀποπληθύνοντας, ἀπομεγεθύνοντας καὶ ἀπεκτείνοντας τὰ αἰσθητά.

τዓβ'. Ἐπειδὴ ὡς εἰκὸς εἶναι ἀδύνατον 'ν' ἀναχθοῦμε 'ς τὸ μόνο καὶ ἔρημο διὰ τοῦ σώματος, τῆς ψυχῆς ἢ τοῦ νοῦ, ἀναγόμαστε 'ς αὐτὸ ἐγείροντας τὸ ἔνδον ὁμοίωμά του, τὸ πρῶτο του ἴχνος, τὸ θεῖο μόριο ἐντός μας.

τΛγ΄. Κόσμος 'δὲν εἶναι ἄλλο εἰ μὴ ἡ ἑνότητα ἐκείνη ἡ ἐκτεταμένη διὰ τοῦ νοῦ καὶ τῆς ψυχῆς εἰς τόπο καὶ χρόνο καὶ ἀντιληπτὴ διὰ τῶν σωματικῶν αἰσθητηρίων.

τΛδ΄. Καίτοι πατέρας τῆς φιλοσοφικῆς μας διατριβῆς εἶναι ὁ ἱερώτατος καὶ θειότατος Πλάτων, ἔχουμε καὶ προπάτορα τὸν θεῖο Πυθαγόρα, τὸν πρῶτο διδάξαντα τὴν θεολογία τῶν ἀριθμῶν, τὴν μετενσωμάτωσι τῶν ψυχῶν καὶ τὸ ἕνα ὡς ἀρχὴ καὶ αἰτία τῶν πάντων.

τΛε΄. Εἶναι ἀνάγκη, διὰ 'ν' ἀποφευχθῇ ἡ ἀπόπτωσι 'ς τὴν σκοτεινότητα τοῦ μὴ ὄντος, 'νὰ περατώνεται ἕως καὶ τὸ ἀπέρατο τῆς ἐκστάσεως.

τΛς΄. Νηστεία, ἀγρυπνία, χαμευνία, πενία, ἀκτημοσύνη, ὑπαναχώρησι ἀπὸ τὸ σῶμα, προσευχή, ἐπίκλησι τῶν ὀνομάτων, διατριβὴ 'ς τὰ μαθηματικὰ καὶ

τὴν διαλεκτική, συναγωγὴ τῶν ψυχι-
κῶν δυνάμεων, ἐκκένωσι τοῦ νοῦ, ἡ-
συχία, θεωρία, ἐνισμοί· ἰδοὺ τί ἐστὶ
καθ᾽ ἡμᾶς ὁ φιλόσοφος βίος κατὰ τὴν
πλατωνικὴ καὶ πυθαγόρεια παράδοσι.

τιζ΄. Τὸ μόνο καὶ ἔρημο, ὁ πρῶτος
θεός, τὸ ἕνα, τὸ ἀγαθό, ἂν καὶ ἀδια-
λείπτως παρόν, φαίνεται ᾽ν᾽ ἀπουσιά-
ζῃ παντελῶς ἀπὸ ὅσους προτιμοῦν ᾽νὰ
ἀγνοοῦν τὸν ἑαυτό τους, ζῶντας μόνο
κατὰ τὸ σῶμα, τὶς αἰσθήσεις καὶ τὴν
ἐπιθυμία τῶν αἰσθητῶν.

τιη΄. Τὸ ἄλογο ψυχικὸ μέρος οὔτε
θνητὸ εἶναι οὔτε ἀθάνατο, ἀλλὰ δυνά-
μεις τινὲς τῆς ψυχῆς, ἐμφαινόμενες ἐν-
τὸς τῶν σωμάτων τὰ ὁποῖα ἐνδύεται
κατὰ τὶς καθόδους της ᾽ς τὴν γένεσι.

τιθ΄. Ἡ συναίσθησι τῆς ἑνότητας εἶναι
περισσότερο ἀπουσίας παρὰ παρουσί-
ας.

υ΄. Ἐὰν ἡ ψυχὴ ἀνέλθῃ ἔστω καὶ μία

φορὰ κατὰ τὴν ἐνσώματη ζωή της ᾽ς τὸν πρῶτο θεό, ᾽δὲν ἐπιθυμεῖ πλέον τί ποτε ἄλλο, παρὰ ᾽νὰ ἦναι πάντα ἐκεῖ ἔνα μὲ᾽ ἐκεῖνον· ἐὰν δὲ ἐπιθυμῇ, οὐδέποτε ἀνῆλθε.

υα΄. Ἔστω ναὸς ἡμῶν ὁ νοῦς, ἄδυτό του τὸ ἔνα τῆς ψυχῆς, ἱερεῖς οἱ ἀγαθοὶ ἀναγωγοὶ λογισμοί, μυστήρια οἱ δεξιώσεις τῶν θείων ἐλλάμψεων, θυσίες οἱ ἐκριζώσεις παθῶν καὶ ἐπιθυμιῶν, ἑορτὲς δὲ οἱ ἀναγωγὲς καὶ ἐπιβολὲς καὶ συναφὲς μετὰ τοῦ θεοῦ.

υβ΄. Ἐὰν ἡ συναίσθησι εἶναι τοῦ νοῦ, τοῦ ἑνὸς φαίνεται ᾽νὰ ἦναι μία ἀνεννόητη, ἀπερίληπτη, ἀσυναίσθητη ἐγρήγορσι.

υγ΄. Τελειούμεθα ὡς ψυχὲς μόνον ὅταν παύουμε ᾽νὰ ἐπιθυμοῦμε ᾽νὰ ὑπάρχουμε χωριστά του.

υδ΄. Πέντε κακοδοξίες δέον ᾽ν᾽ ἀπορριφθοῦν· πρώτη ὅτι τὸ θεῖο εἶναι πρόςωπο· δεύτερη ὅτι δημιουργεῖ ἐκ τοῦ μηδενὸς τὸν κόσμο· τρίτη ὅτι ὁ κόσμος εἶναι δημιουργημένος διὰ τὸν ἄνθρωπο· τέταρτη ὅτι ὑπάρχει ἀθανασία προσωπική· πέμπτη ὅτι τὰ πτώματ᾽ ἀνίστανται καὶ ἀναβιώνουν.

υε΄. Καὶ πέντε ἀκόμη ἀφρονέστερες· πρώτη ὅτι τὰ πάντα προέρχονται ἀπὸ τὸ μηδέν· δεύτερη ὅτι τὰ πάντα γίνονται ἢ συμπτωματικῶς ἢ αὐτομάτως ἢ τυχαίως· τρίτη ὅτι τὰ σώματα προηγοῦνται τῶν νόων καὶ τῶν ψυχῶν· τέταρτη ὅτι ᾿δὲν εἶναι αὐτεξούσιο τῆς ψυχῆς· πέμπτη ὅτι τὸ τέλος τοῦ βίου εἶναι ἡ ἡδονοθηρία καὶ ὄχι ἡ ἐπανένωσι μὲ᾽ τὸν θεό.

υς΄. Καὶ ἂν φαντάζῃ ἐνίοτε ὡσὰν ἄβυσσος συναισθήσεως, εἶναι ἐπέκεινα καὶ ἐκείνης.

υζ΄. Θάνατος εἶναι ἡ κάθαρσι τῆς λογικῆς ψυχῆς ἀπὸ τὸ σῶμα, τὴν ἀλογία τῶν ἐπιθυμιῶν καὶ τῶν παθῶν καὶ τὴν κακία τῆς ἐνσαρκώσεως.

υη΄. Ἐὰν τὸ ποθοῦμε ἀληθινῶς, πρέπει 'νὰ ἤμαστε διατεθειμένοι 'νὰ ἐγκαταλείψουμε τὰ πάντα, καὶ οἰκίες καὶ πόλεις, καὶ φίλους καὶ συγγενεῖς, 'νὰ κατοικήσουμ' ἐρημιές, 'νὰ ἐπιδοθοῦμε 'ς ἀγρυπνίες καὶ προςευχές, νηστεῖες καὶ θεωρίες, 'νὰ καθαρθοῦμε ἀπὸ τὸ πλῆθος, 'ν' ἀπαρνηθοῦμε τὸν ἑαυτό μας, 'νὰ ἐνισθοῦμε καὶ 'νὰ τοῦ παραδοθοῦμε.

υθ΄. Καλοῦμε φῶς τὸ ἕνα τῆς ψυχῆς, καίτοι 'δὲν εἶναι· διότι εἶναι λεπτότερο τοῦ φωτός, διαυγέστερο καὶ ἀληθινώτερο.

υι΄. Τὸ ἐγὼ εἶναι μία προσθήκη 'ς τὴν ψυχὴ ἐκ τῆς ἐνσαρκώσεώς της, ἕνας ἐφήμερος ψευδεαυτὸς ἀπὸ τὸν ὁποῖον χρειάζεται 'ν' ἀπαλλαγοῦμε, ἐὰν θέλουμε 'ν' ἀνεύρουμε τὴν πρότερη, ἀνέκπτωτή μας φύσι.

υια΄. Εἶναι ἀδύνατον 'νὰ τὸ διακρίνῃ

ἡ ψυχὴ ἀπὸ τὸν ἑαυτό της, διότι οὐδέ-
ποτ' ἐξεφάνη χωριστά της.

υιβ΄. Μὴ μᾶς λανθάνῃ ὅτι νοοῦμ' ἐ-
πειδὴ μετέχουμε τοῦ νοῦ, ζοῦμ' ἐπειδὴ
μετέχουμε τῆς ζωῆς, εἴμαστ' ἐπειδὴ
μετέχουμε τοῦ ὄντος, ὑπάρχουμ' ἐπει-
δὴ μετέχουμε τοῦ ἑνός· τὸν δὲ νοῦ καὶ
τὴν ζωὴ καὶ τὸ ὂν 'δὲν τὰ κατέχουμε,
ἀλλὰ κατεχόμαστε ἀπ' αὐτά.

υιγ΄. Οὐδεμία ἄσκησι πρέπει 'νὰ περι-
φρονῆται, οὔτε κἂν οἱ ταπεινότατες ὅ-
πως ἡ χαμευνία καὶ ἡ ξηροφαγία· διό-
τι ὅλες τους συντρέχουν 'ς τὸ 'νὰ ἐθι-
σθῇ ἡ ψυχὴ 'ν' ἀλλοτριώνεται ἀπὸ τὸ
σῶμα, 'νὰ ἐπιστρέφῃ 'ς τὸν ἑαυτό της
καὶ 'νὰ ἑνίζεται.

υιδ΄. Ὅτι τὸ θεῖο πλησιάζει, ἐφάπτεται
ἢ ἀναμιγνύεται μὲ' σάρκες εἶναι ὅ,τι
ἀνοσιώτερο εἶναι δυνατὸν ἡ ψυχὴ 'νὰ
διανοηθῇ.

υιε΄. Εἶναι ἀνάγκη 'ν' ἀναγινώσκουμε

καθ᾽ ἡμέραν χωρία ἐκ τῆς πλατωνι-
κῆς καὶ πυθαγορείου παραδόσεώς
μας, ὥςτε 'ν' ἀνανεώνωνται ἐντός
μας ἀδιαλείπτως οἱ θεϊκὲς διδασκαλί-
ες.

υις´. Θεωρῶντας τὴν τάξι καὶ τὴν δι-
άρθρωσι τοῦ αἰσθητοῦ κόσμου, θεω-
ροῦμε ὡς ἐν κατόπτρῳ τὴν τάξι καὶ
τὴν διάρθρωσι τῆς ψυχῆς.

υιζ´. Οὔτε ναῶν ἔχουμε ἀνάγκη οὔτε
ἀγαλμάτων οὔτε ἱερατείων οὔτε θυσι-
ῶν οὔτε τελετῶν, ἀλλ᾽ ἀρκεῖ ἁπλῶς
'νὰ σιωπήσουμε, 'νὰ ἡσυχάσουμε, 'νὰ
κενωθοῦμε καὶ 'νὰ τοῦ ἐγκαταλει-
φθοῦμε.

υιη´. Κατὰ τὸν ἡσυχασμὸ τῆς ψυχῆς
φαίνεται ὡςὰν τὸ ἔσω 'ν' ἀναπλώνε-
ται πρὸς τὸ ἔξω, τὸ δὲ ἔξω 'νὰ ἐνδι-
πλώνεται πρὸς τὸ ἔσω.

υιθ´. Μόνον διὰ τῆς ἐγέρσεως τοῦ ἐν
ἡμῖν θείου συναισθανόμαστε ἀληθῶς

τὴν παρουσία τοῦ θεοῦ ἐντός μας· διότι τὸ ὅμοιο μόνον ἐκ τοῦ ὁμοίου ἀναγνωρίζεται.

υκ΄. Ὅσο παχύτερο καὶ πυκνότερο γίνεται τὸ σῶμα ἐντὸς τῆς ψυχῆς, τόσο δυσκολώτερα διακρίνεται τὸ φῶς της.

υκα΄. Οὔτε τὸ σῶμα εἴμαστε οὔτε ὅσα συνιστοῦν τὸν ἐνσώματο ἑαυτό μας (ἀναμνήσεις, φαντασίες, δόξες, πάθη, λογισμοί), ἀλλ᾽ ἡ δύναμι τῆς ζωῆς ἀμφοτέρων, ἡ θεία, ὑπερουράνια ψυχή.

υκβ΄. Εἶναι δυνατὸν ὕστερ᾽ ἀπὸ ἄσκησι πολλῶν ἐτῶν ὅλες οἱ ἐπιθυμίες τῆς ψυχῆς ᾽νὰ συναχθοῦν τελικῶς εἰς μίαν, τὴν ἀνέκλειπτη, ἀκατάλυτη, ἀνελάττωτη ἐπιθυμία τῆς ἑνότητας.

υκγ΄. Δὲν περιέχεται ἡ ψυχὴ ἀπὸ τὸν αἰσθητὸ κόσμο, ἀλλ᾽ ὁ αἰσθητὸς κόσμος εἶναι τὸ περιεχόμενο τῆς ψυχῆς.

υκδ΄. Ἐὰν μὴ ἀποστραφοῦμε πᾶσα μέριμνα βιοτικὴ καὶ καθαρθοῦμε ἀπὸ τὸ σῶμα καὶ τὴν ἀλογία τῶν παθῶν του, οὔτε θ' ἀπαλλαγοῦμε ποτὲ ἀπ' αὐτὸ οὔτε τὰ ὄντως ὄντα θὰ θεωρήσουμε οὔτε 'ς τὴν ὑπερούσιαν ἀρχή τους θ' ἀξιωθοῦμε 'νὰ ἐπιστρέψουμε.

υκε΄. Εἶναι ἀναγκαῖο ὄχι μόνον τὸ ὂν καὶ τὸ μὴ ὄν, ἀλλὰ καὶ τὸ ἄπειρο καὶ τὸ μηδαμῶς ὄν 'νὰ περιέχωνται 'ς τὸ πρῶτο.

υκς΄. Τέλος τῆς διατριβῆς 'ς τὰ μαθηματικὰ καὶ τὴν διαλεκτικὴ 'δὲν εἶναι ἄλλο εἰ μὴ ἡ ἀποστροφὴ τῶν αἰσθητῶν, φθαρτῶν καὶ γενητῶν καὶ ἡ ἀναστροφὴ 'ς τὰ νοητά τους παραδείγματα πρὸς τὰ ὁποῖα ἡ ψυχή μας συγγενεύει.

υκζ΄. Ἐκείνη ἡ παρουσία ἡ ὁποία ἀναφαίνεται ἐνίοτε ἐντός μας καὶ μᾶς κατακλύζει εἴμαστ' ἐμεῖς καὶ 'δὲν εἴμαστε.

υκη΄. Εἶναι ἀδύνατον 'νὰ λεχθῇ ἐὰν κατὰ τὴν ἕνωσι ἡ ψυχὴ ἐκτείνεται πρὸς τὸ φῶς τὸ ὁποῖο θεᾶται ἢ ἦναι ἡ ἴδια τὸ φῶς τὸ ὁποῖο ἐκτείνεται.

υκθ΄. Πρῶτ' ἀξιωνόμαστε 'νὰ ἐννοήσουμε τὴν ἑνότητα ἐντὸς τῶν πάντων, ἔπειτα σπεύδουμε 'νὰ ἐννοήσουμε τὴν ἑνότητα χωρισμένη ἀπὸ τὰ πάντα, μετέπειτα 'νὰ ὑπερβοῦμε ἀκόμη καὶ τὴν ἔννοια τῆς ἑνότητας.

υλ΄. Διὰ τῆς θεωρίας τῶν εἰδῶν ἀπὸ τὸν δημιουργὸ κατὰ τὴν ἐν Τιμαίῳ κοσμογονία ὁ μέγας Πλάτων προετύπωσε, προεξέφανε καὶ προελόγισε τὴν 'δική μας μυστικὴ θεωρία.

υλα΄. Λογιζόμαστε ἀναγωγοὺς λογισμοὺς ἕως ἂν γίνουν ἄυλες νοήσεις, νοοῦμε δὲ τὶς ἄυλες νοήσεις ἕως ἂν γίνουν μία καὶ μόνη ἐπιβολή, κἄτι ὡςἂν ἅπλωσι καὶ ἔκτασι τῆς ψυχῆς κατὰ τὴν ἀπόπειρα ἐπιψαύσεώς της τοῦ πρώτου.

υλβ΄. Ἀφαιρῶντας ἀπὸ τὸν ἑαυτό μας τὰ πάντα, αἰσθανόμαστ᾽ αἴφνης μεγαλύτεροι ἀπὸ πρίν, καίτοι τί ποτε ᾽δὲν μᾶς ἔχει προστεθῆ.

υλγ΄. Ψυχὴ εἶναι ὁ λόγος τῆς χρονώσεως τοῦ ἀχρόνου, τῆς πληθύνσεως τοῦ ἀπληθύντου, τῆς ἐκτάσεως τοῦ ἀνεκτάτου, τῆς μεγεθύνσεως τοῦ ἀμεγέθους.

υλδ΄. Εἶναι ἀδύνατον ᾽νὰ ἐλευθερωθοῦμε ἀπὸ τὰ πάθη, ἐὰν μὴ ἐλευθερωθοῦμε πρῶτ᾽ ἀπὸ τὸν ἐνσώματο ἑαυτό μας· διότι ἐν ὅσῳ εἴμαστ᾽ ἐμεῖς, εἴμαστε πάντοτ᾽ ἐμπαθεῖς, ἡ δὲ ἐλευθερία ᾽δὲν εἶναι ποτὲ τοῦ ἑαυτοῦ, ἀλλ᾽ ἀπὸ τὸν ἑαυτό.

υλε΄. Ὅσο καθαρώτερη καὶ ἐναργέστερη εἶναι ἡ ἐγρήγορσι ἀπὸ τὸ ὄνειρο, τόσο καὶ ἡ ἀσώματη, χωριστὴ ζωὴ τῆς ψυχῆς ἀπὸ τὴν ἐνσώματη.

υλϛ΄. Τί ἆρά γ᾽ ἐννοοῦμε λέγοντας μηδέν; ἀλλὰ τί ἄλλο ἀπὸ τὸ ὅτι κάτι ἦταν κάποτε ἐν ᾧ τώρα πλέον ᾽δὲν εἶναι, ὡσὰν κάτι ᾽ν᾽ ἀφαιρέθηκε ἀπὸ τὸν ἴδιο τὸν ἑαυτό του· ὥστε εἶναι ἀπουσία, στέρησι καὶ ἀφαίρεσι -καὶ δὴ ἡ ἔσχατη, συνάμα δὲ ἕνα ἀπὸ τὰ ὅρια τοῦ νοῦ.

υλζ΄. Μόνον ἐὰν στραφοῦμε ὁλόψυχα ᾽ς τὸν θεὸ ἔχοντας ἐγκαταλείψει κάθε ἄλλη ἐπιθυμία καὶ κυρίως αὐτὴν τοῦ ᾽νὰ ὑπάρχουμε χωριστά του, θὰ τὸν συναπαντήσουμε.

υλη΄. Ὅταν ἀναγώμαστε ἐκεῖ, συμβαίνει τὸ παράδοξο τοῦ ᾽νὰ ζοῦμε χωρὶς ᾽νὰ ζοῦμε, ᾽νὰ ἤμαστε χωρὶς ᾽νὰ ἤμαστε, ᾽νὰ ὑπάρχουμε χωρὶς ᾽νὰ ὑπάρχουμε.

υλθ΄. Ἐὰν μάθουμε πῶς ἐκτείνεται,

ὀγκώνεται καὶ πληθύνεται ὅ,τι εἶναι, θὰ ἔχουμε μάθει καὶ πῶς ἐπιστρέφει ἐκεῖ ἀπὸ ὅπου πληθύνθηκε, ὠγκώθηκε καὶ ἐπεκτάθηκε.

υμ΄. Ἡ ἀπώλεια τῆς συναισθήσεως κατὰ τὴν τέλειαν ἡσυχία 'δὲν εἶναι αὐτοεκμηδένισι, ἀλλ' ἐμβύθισι 'ς ἕναν εὐρύτερο, βαθύτερο ἑαυτό.

υμα΄. Ἐὰν προςεχθῆ ἐπίμονα ἕνα αἰσθητό, ὄχι ἀπὸ τοὺς ὀφθαλμούς, ἀλλ' ἀπὸ τὸν νοῦ ἕνεκα τοῦ ὁποίου ἐξ ἄλλου ἀναγνωρίζεται, εἶναι δυνατὸν 'νὰ θεωρηθῆ ἀμυδρὰ καὶ ὁ λόγος του, ἡ παρουσία δηλαδὴ ἐντός του τοῦ θείου εἴδους 'ς τὸ ὁποῖο κοινωνεῖ.

υμβ΄. Ἐπειδὴ ὁ πρῶτος θεὸς εἶναι ὁ βυθὸς πάσης ὑπάρξεως, ὅποιος τὸν ἀπαρνεῖται ἀποκόπτεται ἀπὸ τὸν βυθὸ τῆς ἴδιας του τῆς ψυχῆς, καταδικάζοντας τὸν ἑαυτό του 'νὰ ζήσῃ μία ζωὴ ρηχή, ἄχαρη καὶ λειψή.

υμγ΄. Τὸ ἕνα τῆς ψυχῆς ᾿δὲν εἶναι ἕνα ἐκ τῶν μορίων της ὅπως τὸ λογιστικὸ ἢ τὸ θυμοειδές, ἀλλ᾿ ἡ ἄρρητη, ἀπερί-ληπτη μετάληψί της τοῦ αὐτοενός.

υμδ΄. Τὸ ὅτι ἐπιστρέφοντας ᾿ς τὸν ἑαυ-τό μας συναπαντοῦμε τὴν ἀρχή μας, σημαίνει ὅτι ὁ ἀληθινός μας ἑαυτὸς εἶναι ἀδιάκριτος ἀπ᾿ αὐτὴν ἀκριβῶς τὴν ἀρχή.

υμε΄. Ἡ ὕπαρξι εἶναι κάτι ὡςὰν φῶς, ἀλλὰ λεπτότερο.

υμς΄. Ὅταν ἡ ψυχὴ συναγείρεται ἀπὸ τὸ σῶμα καὶ ἑνίζεται, καίτοι αἰσθάνε-ται ὡςὰν ᾿νὰ μεταβαίνη ᾿ς ἄλλον τό-πο, οὔτε κινεῖται οὔτε μεταβαίνει που-θενά, ἀλλὰ γίνεται ἡ ἴδια ὁ τόπος τοῦ ἑαυτοῦ της.

υμζ΄. Αἰσθανόμαστε ὅπως αἰσθανόμα-στε, ἐπειδὴ ἡ ψυχὴ ἔχει διαπλάσει τοι-ουτοτρόπως τὰ σωματικά μας αἰσθη-τήρια, ὥςτε ᾿ν᾿ ἀντιλαμβάνωνται ἀμυδρῶς καὶ μερικῶς ὅ,τι ἐκείνη γνώρισε ἀθρόως καὶ ἐναργῶς ᾿ς τὸν νοητὸ κό-σμο, πρὶν κατέλθῃ ᾿ς τὸν αἰσθητὸ καὶ τὰ διαπλάσῃ.

υμη΄. Ἄς μὴ ἀπορούμε ἂν τὸ λαμπρὸ ἐκεῖνο φέγγος τὸ ὁποῖο καθορᾶται μὲ᾿ τὰ ᾿μάτια κλεισμένα ἔρχεται ἔσωθεν ἢ ἔξωθεν· διότι ὅταν καθορᾶται οὔτε ἔ-σω ὑπάρχει πλέον οὔτε ἔξω.

υμθ΄. Συνάπτοντας μυστικῶς τὸ ἕνα ἐντός μας πρὸς τὸ ἕνα τῶν ἄλλων καὶ διήκοντας ἀπὸ τὸ ἕνα τῶν ψυχῶν ᾿ς τὸ ἕνα τῶν νόων, ἀνερχόμαστε ἀνεν-νοήτως ᾿ς τὸ ἕνα τῶν πάντων, ἡσυχά-ζουμ᾿ ἐν αὐτῷ καὶ ἀναπαυόμεθα.

υν΄. Ὅπως τὸ ἓν ἀπογεννᾷ τὸν νοῦ, ὁ νοῦς τὴν ψυχὴ καὶ ἡ ψυχὴ τὸν κόσμο, ὁμοίως καὶ οἱ ἑνάδες τοὺς μερικοὺς νόες, οἱ μερικοὶ νόες τὶς μερικὲς ψυ-χὲς καὶ ἐκεῖνες τὰ σώματα.

υνα΄. Ἐὰν ἡ ψυχή, ἐνσώματη ἢ ἀσώματη, ἀδυνατῇ ᾽νὰ συναισθανθῇ τὸ θεῖο εἴτ᾽ ἐντός της εἴτ᾽ ἐκτός της, ἔχει ἤδη ἐκπέσει ἀνεπίγνωστα ᾽ς τὸν Ἅδη καὶ κολάζεται.

υνβ´. Ἄκρο καὶ τέλος καὶ κορυφὴ τῆς πλατωνικῆς φιλοσοφίας -θεωρίας καὶ βιοτῆς- ᾽δὲν εἶναι ἄλλο εἰ μὴ ἡ ἐμβίωσι τῆς ἑνότητας.

υνγ´. Εἶναι φανερὸ ὅτι ἐν ᾧ συναισθη- τικὸ καὶ συναισθητό, νοητικὸ καὶ νοη- τό, αἰσθητικὸ καὶ αἰσθητὸ συναναφαί- νονται καὶ συναπόλλυνται, ἡ ἐγρήγορ- σι οὔτε ἀναφαίνεται οὔτε ἀπόλλυται οὔτε συνυφίσταται πρὸς τί, ἀλλ᾽ εἶναι πάντοτε μόνη ᾽ς τὸν ἑαυτό της.

υνδ´. Τὸ φῶς, συγγενεύοντας πρὸς τὸν αἰσθητὸ κόσμο κατὰ τὴν ὁρατότητα καὶ πρὸς τὸν νοητὸ κατὰ τὴν ἀσωμα- σία, συντρέχει ἐκ τῆς φύσεώς του ᾽ς τὴν ἀναγωγὴ τῆς ψυχῆς ἕως τὸ ὑπέρ- νοο, τὸ ὑπέρλογο καὶ τὸ ὑπερφαές.

υνε΄. Ἐπειδὴ τὸ μὲν νοητὸ πλῆθος ἀπογεννᾶται ἀπὸ διαίρεσι, τὸ δὲ αἰσθητὸ ἀπὸ πολλαπλασιασμό, ἡ ἄνοδος ἀπὸ τὰ αἰσθητὰ 'ς τὰ νοητὰ γίνεται ἀποπολλαπλασιάζοντας, ἀπὸ τὰ νοητὰ δὲ 'ς τὸ ἀγαθὸ ἀποδιαιρῶντας.

υνς΄. Εἶναι σημεῖο τῆς χωριστῆς ζωῆς τῆς ψυχῆς τὸ ὅτι ἐξακολουθοῦμε 'νὰ συναισθανόμαστε, ἀκόμη καὶ ἔχοντας ἀπολέσει τὴν σωματικὴ συναίσθησι.

υνζ΄. Ἂς μὴ πειρώμαστε 'νὰ τὸ ἐξαναγκάσουμε 'νὰ ἐκδηλωθῇ, διότι ὅπως 'δὲν ἐξαναγκάζεται ὁ ἥλιος 'ν' ἀνατείλῃ, ὁμοίως 'δὲν ἐξαναγκάζεται καὶ τὸ θεῖο 'νὰ ἐκφανῇ.

υνη΄. Ἡ ψυχὴ ταράσσεται ἐν τῇ γενέσει, ἡσυχάζει ἐν τῇ οὐσίᾳ, ἀναπαύεται δὲ ἐν τῇ ἑνότητι.

υνθ΄. Οὔτε ὁ λογισμὸς οὔτε τὰ μαθηματικὰ οὔτε ἡ διαλεκτικὴ ἀρκοῦν διὰ 'ν' ἀνέλθουμε 'ς τὸ πρῶτο ἀειδὲς ὄν, ἀλλὰ εἶναι ἀνάγκη ἔχοντας ἀνοίξει καὶ κενώσει ὅλως τὸν νοῦ, 'νὰ τὸ νοήσουμε ἀπλῶς, διὰ μιᾶς καὶ μόνης ἐπιβολῆς.

υξ΄. Ἡ ψυχὴ τοῦ παντὸς εἶναι ἡ εἰκόνα τοῦ ὄντος πρὸ τῆς διακρίσεώς του, τὸ δὲ ἀδιάκριτο ὂν ἡ εἰκόνα τοῦ αὐτοενός.

υξα΄. Ὁ πρῶτος θεὸς γεννᾷ ὑπερχειλίζοντας τὸν δεύτερο, ὁ δεύτερος τὸν τρίτο καὶ ὁ τρίτος τὸν κόσμο· τὸ δὲ ὑπερχείλισμα τοῦ πρώτου εἶναι ζωή, καὶ ζωὴ εἶναι ὅ,τι συνεχῶς ὑπερχειλίζει, ἐμεῖς δὲ 'δὲν εἴμαστε ἄλλο εἰ μὴ τὸ συνεχὲς τοῦτο ὑπερχείλισμα τοῦ θεοῦ.

υξβ΄. Ἡ συναίσθησι τῆς ἑνότητας τῶν πάντων, φαντάζει οἰκεία ἀκόμη καὶ ὅταν πρωτοβιώνεται.

υξγ΄. Ὅπως 'δὲν ἐνδιαφέρει πόση εἶναι ἡ ἔκτασι τ' οὐρανοῦ ἢ πόσοι οἱ ἀπλανεῖς ἀστέρες, ὁμοίως ἂν ἦναι ἕνα ἢ πολλὰ τὰ πλανητικὰ συστήματα (τὰ αἰσθητὰ ἄλλωστε ἐκ φύσεως πολλαπλασιάζονται καὶ πληθύνονται), ἀλλ᾽ ἂν ὑπάρχουν ὡς εἰκόνες καὶ ὁμοιώματα ἑνὸς παραδείγματος θεϊκοῦ καὶ νοητοῦ.

υξδ΄. Ἡ ἐγρήγορσι εἶναι τὸ ὑποκείμενο, ἡ ἀρχὴ καὶ ἡ πηγὴ τῆς συναισθήσεως.

υξε΄. Μόνον ὅσοι ᾽δὲν ἔχουν κατακλυσθῆ ἀπὸ τὸν ἔρωτα τοῦ πρώτου θεοῦ φοβοῦνται μὴ ἀπολέσουν τὸν ἑαυτό τους κατὰ τὴν πρὸς αὐτὸν ὑπέρνοη ἕνωσι τους· ἐμᾶς δὲ οἱ ὁποῖοι τὸν βιώνουμε ἀδιαλείπτως οὐδαμῶς τοῦτο μᾶς μέλει.

υξς΄. Ἡ συναίσθησι τοῦ νοῦ εἶναι μιᾶς ζωῆς λαμπρότερης, πληρέστερης καὶ ἀληθινώτερης ἀπὸ τὴν ἰδική μας.

υξζ΄. Ἐὰν ἐμβυθισμένοι ᾽ς τὸν βυθὸ τῆς ψυχῆς ἀνεύρουμε τὸ ἀπόκρυφο ἄδυτό της, θὰ θεωρήσουμε τὸ φῶς τοῦ ἀγαθοῦ 'νὰ ἐλλάμπῃ προαιώνια ἐντός του.

υξη΄. Ἔχοντας ἔλθει 'ς τὸ ἄκρο τῆς νοερᾶς μας θεωρίας καὶ ἀτενίζοντας ἐντός μας ἕναν λαμπρὸν ἥλιο 'ν' ἀνατέλλῃ, ἀδυνατοῦμε 'νὰ ἐννοήσουμε ἂν ἦναι ὁ ἔσω ἥλιος τῆς ψυχῆς ἢ ὁ ἔξω τοῦ ἀγαθοῦ· διότι ἐν τῷ ἄκρῳ τῆς θεωρίας οὔτε ἔσω ὑπάρχει οὔτε ἔξω.

υξθ΄. Ἡ ψυχὴ συναισθάνεται τὸ θεῖο ἐντός της ὡςὰν παροῦσα ἀπουσία.

υο΄. Τὰ πάντα προοδεύουν ἀπρόσκοπτα καὶ ἀκατάπαυστα ἀπὸ τὸ ἕνα, πασχίζοντας 'νὰ διασώσουν ὅ,τι τιμιώτερο προσέλαβαν ἀπὸ ἐκεῖνο -τὴν ἑνότητα- ἐντὸς τοῦ κλύδωνος τῶν παθῶν, τῶν ὁρμῶν καὶ τῶν ἐπιθυμιῶν.

υοα΄. Εἶναι ἴδιον τῆς ψυχῆς ἡ ταυτόχρονη μετοχή της 'ς τὸ εἶναι καὶ τὸ γίγνεσθαι, 'ς τὸ μὲν διὰ τοῦ νοητικοῦ

της μέρους τὸ ὁποῖο καθαρεύει πάντο-
τε ἀπὸ τὸ σῶμα, 'ς τὸ δὲ διὰ τοῦ ἀλό-
γου φυτικοῦ καὶ αἰσθητικοῦ τὸ ὁποῖο
ἐμβυθίζεται 'ς αὐτό· καὶ τὸ μὲν μετέ-
χει αἰωνίως 'ς τὸ εἶναι, τὸ δέ, ὄντας
ἀκόμη ἀσώματη ἡ ψυχή, ὑπάρχει ὡς
αἰώνια δυνατότητα μεθέξεως 'ς τὸ γί-
γνεσθαι.

νοβ΄. Μὴ ἔχοντας οἱ πολλοὶ γευθῆ τὴν
ἄφατη γλυκύτητα τῆς ἑνώσεως πρὸς
τὸν θεό, ὑπολαμβάνουν γλυκύτερες τὶς
σωματικὲς ἡδονές, ὡςὰν ἐκείνους οἱ
ὁποῖοι μὴ ἔχοντας γευθῆ ἀκόμη μέλι
ὑπολαμβάνουν, κατὰ τὸν Ξενοφάνη,
γλυκύτερα τὰ σῦκα.

νογ΄. Κατὰ τὸν χωρισμὸ τῆς ψυχῆς ἀ-
πὸ τὸ σῶμα τὰ πάντα ἐντός της φαί-
νονται πλέον λαμπρότερα καὶ διαυγέ-
στερα ὡςὰν ἐμφωτισμένα ἀπὸ ἕνα
φῶς λεπτό, ἀνέσπερο καὶ ἀγαθό.

νοδ΄. Αἰσθανόμαστε τὴν ἑνότητα ὡς

ἀπειρία, ἐπειδὴ κατὰ τὴν ἐμβίωσί της πᾶσα συναίσθησι τοῦ πέρατος ἔχει ἀ-πολεσθῆ.

υοε΄. Τὸ ὅτι παρατηροῦνται ΄ς τὸν αἰ-σθητὸ κόσμο σφαῖρες πεπλατυσμένες καὶ κινήσεις ἐλλειπτικές (καίτοι τὸ τε-λειότατο σῶμα εἶναι ἡ σφαῖρα καὶ ἡ τελειότατη κίνησι ἡ κυκλική) ὀφείλε-ται ΄ς τὴν ἀδυναμία τῆς ὕλης ΄νὰ προσλάβη ἀκέραιη τὴν τελειότητα τῶν νοητῶν.

υος΄. Ἐνσωμάτωσι τῆς ψυχῆς εἶναι ἡ μετάβασί της ἀπὸ τὸ ὅλον ΄ς τὸ μέρος, ἀποσωμάτωσι δὲ ἡ ἐπιστροφή της ἀπὸ τὸ μέρος ΄ς τὸ ὅλον.

υοζ΄. Ἐπειδὴ τὰ πάντα ἐντὸς τοῦ αἰ-σθητοῦ κόσμου εἶναι λόγοι καὶ ἀρι-θμοί (ἐὰν μὴ ἦταν, οὐδαμῶς θὰ κατα-νοοῦνταν) συνάγεται εὐλόγως ὅτι οὔτε αὐτομάτως ὑπέστησαν οὔτε τυχαίως οὔτε συμπτωματικῶς, ἀλλ᾿ ἀπὸ ἕναν μέγα καὶ θεῖο νοῦ κατ᾿ ἀριθμὸν διαρθρωμένο· δέον δὲ 'νὰ ὑπολαμβάνεται ὁ νοῦς τοῦτος ὡς τὸ ὑπόδειγμα τῆς ψυχικῆς διανοίας, ἡ δὲ διάνοια ὡς εἰκόνα τούτου τοῦ νοῦ.

υοη΄. Μὴ λησμονῆται ὅτι κάθε τὶ αἰσθητό, πρὶν κἂν ὑπάρξῃ, ἔχει προτυπωθῆ νοητὰ καὶ ὑποτυπωθῆ μαθηματικά.

υοθ΄. Κατὰ τὴν συλλογὴ τῆς ψυχῆς πρῶτ' ἀπόλλυται ὁ σκεδασμός, ἔπειτα ἡ πλήθυνσι καὶ ὁ μερισμός, κατόπιν τὸ μέγεθος, τέλος δὲ ἡ ἔκτασι ἐντὸς τῆς ὁποίας τὰ πάντα ἐνεφάνησαν.

υπ΄. Οἱ λόγοι τῶν νοητῶν εἶναι δυνατὸν 'νὰ θεωρηθοῦν τριχῶς, εἴτε διὰ τῆς προσοχῆς 'ς ἕνα αἰσθητὸ καὶ τῆς ἀφαιρέσεως τοῦ ἐνύλου εἴδους ἀπὸ τὴν ὕλη, εἴτε προσέχοντας 'ς τὸ κοινὸ μιᾶς ὁμάδας αἰσθητῶν καὶ ἀφαιρῶντας ὅ,τι περισσότερο ἢ ὀλιγότερο τοῦ ἀποκλίνει, εἴτε διακρίνοντας τὸ αἰσθητὸ ἀκόμη ἀγέννητο ἐντὸς τῶν σπόρων, τῶν ᾠῶν καὶ τῶν σπερμάτων.

υπα΄. Ὁ ἐνισμὸς τῆς ψυχῆς ὄντας ἡ ἀ-
κρότατη ἐνέργειά της εἶναι ἡ τελειότα-
τη ἐπιστροφὴ 'ς τὸν ἑαυτό της, ἡ περι-
αγωγή της 'ς τὸ ἄυλο νοητό, ἡ ὑπέρ-
βασί του καὶ ἡ ἐξομοίωσί της τελικῶς
πρὸς τὸ αὐτοένα.

υπβ΄. Ὅπως ἡ σωφροσύνη εἶναι τοῦ ἐ-
πιθυμητικοῦ, ἡ ἀνδρεία τοῦ θυμοει-
δοῦς καὶ ἡ σοφία τοῦ λογιστικοῦ, ὁ-
μοίως καὶ ἡ δικαιοσύνη εἶναι τοῦ ἑνὸς
τῆς ψυχῆς, ὡς ἑνωτικὴ τῶν τριῶν τού-
των μερῶν διὰ τῆς ἐντελοῦς ἐναρμονί-
σεώς τους.

υπγ΄. Ἐὰν συγχέουμε καὶ ἐξομοιώνου-
με τὸν θεῖο νοῦ πρὸς τὴν διάνοια τῆς
ψυχῆς, δύσκολ᾽ ἀντιλαμβανόμαστε τὸν
αἰσθητὸ κόσμο ὡς θεῖο δημιούργημα·
ἐὰν ὅμως κατανοήσουμ᾽ ἐπιτέλους τί
εἶναι νοῦς, τότε μᾶς εἶναι προφανέ-
στατο.

υπδ΄. Ὅσο ὑπαναχωρεῖ ἐντός μας τὸ ἐγώ, τόσο ἀναφαίνεται ἡ θεότητα.

υπε΄. Τὸ εἶναι, ὄντας ἁπλὸ καὶ ὄχι σύνθετο, ὅλον καὶ ὄχι μέρος, ἕνα καὶ ὄχι πολλά, γνωρίζεται μόνον διὰ μιᾶς ἁπλῆς νοερῆς ἐπιβολῆς (ἔπειτ᾽ ἀπὸ κένωσι καὶ ἅπλωσι τοῦ νοῦ) καὶ ὄχι διὰ συλλογισμῶν, προτάσεων καὶ συμπερασμάτων.

υπς΄. Ἡ κάθαρσι καὶ ἡ ἀναγωγὴ τοῦ νοητικοῦ μέρους τῆς ψυχῆς ἄρχεται ἀπὸ τὴν μελέτη τῶν ἠθικῶν καὶ τῶν φυσικῶν, προχωρεῖ ᾽ς τὴν μελέτη τῶν μαθηματικῶν καὶ τῆς διαλεκτικῆς, συνεχίζεται μὲ᾽ τὴν θεωρία τῶν ὄντως ὄντων καὶ τοῦ ἑνὸς ὄντος καὶ ἀειδοῦς, περατώνεται δὲ μὲ᾽ τὴν ἀνάβασι ᾽ς τὸ πρῶτο καὶ τιμιώτατο καὶ τὴν ἕνωσι μὲ᾽ αὐτό.

υπζ΄. Νὰ μελετοῦμε τὸν θάνατο, ᾽νὰ ζοῦμε ὡςὰν ᾽νὰ μὴ ἔχουμε σῶμα, ᾽νὰ

γινώμαστε νόες, 'νὰ ἐνθυμούμαστε ἀ-
κατάπαυστα τὸν θεό.

υπη΄. Εἶναι ἀνάγκη κατὰ τὴν ἄνοδο
τῆς ψυχῆς 'ς τὸν νοῦ, ὅλο τὸ πλῆθος
τῶν λογισμῶν της 'νὰ συνάγεται τελι-
κῶς εἰς μίαν ἄυλη, νοερὴ ἐπιβολή.

υπθ΄. Ἀναγνωρίζουμε ἕναν αἰσθητὸ
κόσμο, διότι ἔχουμε γνωρίσει πρὸ τῆς
καθόδου μας 'ς αὐτὸν τὸ νοητὸ παρά-
δειγμά του, τὸ ὁποῖο καὶ ἀναμιμνη-
σκόμεθα· εἰ δ᾽ ἄλλως θὰ ἦταν ἀδύνα-
τον 'ν᾽ ἀναγνωρίσουμε ὁτιδήποτε, ἕ-
νεκα τῆς ἀπεριόριστης ῥοῆς τῶν πάν-
των καὶ τοῦ ἀκράτητου, ἀκατάσχετου
σκεδασμοῦ.

υϟ΄. Τὸ πρῶτο τὸ ὁποῖο συναισθάνε-
ται ἔχοντας ἡσυχάσει ἡ ψυχὴ εἶναι
πρὸ τῆς ἐγκόσμιας, ἐνσώματης ζωῆς
της μίαν ἄλλην βαθύτερη.

υϟα΄. Ἐπειδὴ οὐδέποτε τὸ ἀποχωρι-

σθήκαμε, μᾶς εἶναι ἀδύνατον 'νὰ ἀν-
τιληφθοῦμε τὴν παρουσία του χωριστὰ
ἀπὸ τὴν 'δική μας.

υηβ΄. Νομίζει ἡ ψυχὴ ὅτι βιώνει βαθύ-
τερα τὸν ἑαυτό της ὅταν τὸν διανοῆ-
ται, τὸν νοῇ ἢ τὸν συναισθάνεται, τότε
ἀκριβῶς ὅμως τὸν ἀποχωρίζεται· διό-
τι ὅ,τι διανοεῖται, νοεῖ ἢ συναισθάνε-
ται 'δὲν εἶναι ἄλλο ἀπὸ τὸ εἴδωλό του.

υηγ΄. Ἀφαιρῶντας ἀπὸ τὸν νοῦ πᾶσαν
ἄλλην ἔννοια πλὴν τῆς ἑνότητας, συλ-
λέγουμε περὶ αὐτὴν ὅλη μας τὴν ψυχὴ
καὶ ἔπειτα ἁπλῶς τῆς ἀφηνόμαστε.

υηδ΄. Ἐγγίζουμε τὰ πάντα μόνον ἔχον-
τας γίνει τὰ πάντα.

υηε΄. Κατὰ τὴν ἡσυχία καὶ τὴν ἔνδον
σιωπὴ ἀναγνωρίζουμε ὅτι εἶναι κάτι
ἐντός μας ὅμοιο πρὸς τὸ πρῶτο, εἰκό-
να, ἴχνος καὶ ἴνδαλμά του, 'ς τὸ ὁποῖο
εἴμαστ' αἰώνια ἐνιδρυμένοι καὶ ἀνα-
παυόμαστε.

υϟϛ΄. Μὴ λησμονῆται ὅτι ἡ πλατωνικὴ καὶ πυθαγόρεια παράδοσι -ὅπως καὶ ὅλες οἱ μεγάλες πνευματικὲς παραδόσεις- γνωρίζεται μόνον ἐὰν βιωθῇ.

υϟζ΄. Ἐξαμαρτάνουμε ὑπολαμβάνοντας τὸ ἕνα τῆς ψυχῆς ὡς συναίσθησι, διότι ὑπάρχει πρὸ καὶ ἐπέκεινα τῆς συναισθήσεως, ἡ ὁποία εἶναι καὶ ἡ πρώτη ἐκδήλωσί του.

υϟη΄. Ὅ,τι νομίζουμε ὅτι εἴμαστε εἶναι ὅ,τι προκύπτει ἀπὸ τὴν συναφὴ τῆς ψυχῆς πρὸς τὸ σῶμα, τὸν σκεδασμὸ τοῦ πλήθους τῶν δυνάμεών της, τὴν στροφή της πρὸς τὴν μερικότητα, τὴν ἔμφυτη ἕλξι της πρὸς τὸ αἰσθητό.

υϟθ΄. Ὅπως τὸ ἕνα προηγεῖται τοῦ πρώτου ἀειδοῦς ὄντος, ὁμοίως τὸ πρῶτο ἀειδὲς ὂν τοῦ ἀριθμοῦ καὶ ὁ ἀριθμὸς τῆς ἰδέας.

φ΄. Ὅσο περισσότερο ἀσκεῖται ἡ ψυχή, τόσο ἀκοπώτερα συναγείρεται ἀπὸ τὸ σῶμα, ἐθίζεται 'νὰ οἰκῇ μόνη 'ς τὸν ἑαυτό της καὶ 'νὰ ἑνίζεται.

φα΄. Εἶναι κᾅτι ἐντός μας ὡςὰν ἑστία καὶ κέντρο τῆς ψυχῆς τὸ ὁποῖο ἐν ᾧ τὰ πάντα πέριξ του γίνονται, φθείρονται καὶ ἀπόλλυνται, ἐκεῖνο οὔτε γίνεται οὔτε φθείρεται οὔτε ἀπόλλυται, ἀλλ᾽ εἶναι αἰωνίως ἀκίνητο, ἀτάραχο, ἄτρεπτο καὶ ἀπαθές.

φβ΄. Ἐντὸς τοῦ φωτὸς τῆς ψυχῆς εἶναι ἕνα ἄλλο φῶς λαμπρότερο, τοῦ νοῦ, ἐντὸς δὲ τοῦ νοῦ ἕνα ἄλλο λαμπρότερο, τοῦ ἑνός· ὅσο δὲ καθαίρεται ἡ ψυχὴ ἀπὸ τὸ σῶμα, τόσο καθαρώτερα τὰ διακρίνει, πρῶτα τὸ ἰδικό της, ἔπειτα τοῦ νοῦ, τέλος δέ -παντελῶς ἀποκαθαρμένη- τοῦ ἑνός.

φγ΄. Ὅπως ἡ ἑνότητα τῶν αἰσθητῶν εἶναι ἴνδαλμα τῆς ἑνότητας τῶν νοητῶν καὶ τῶν νοητῶν τοῦ ἑνός, ὁμοίως καὶ ἡ ἑνότητα ἐντὸς τῶν πάντων εἶναι ἴνδαλμα τῆς ἑνότητας τῶν πάντων, ἡ δὲ ἑνότητα τῶν πάντων ἴνδαλμα τῆς αὐτοενότητας.

φδ΄. Εἴμαστε ἀθάνατοι καθ᾽ ὅσον ὑπάρχουμε ὡς αὐτό, θνητοὶ δὲ καθ᾽ ὅσον ὄχι.

φε΄. Διατεινόμενοι ὅτι τὰ πάντα ἀπογεννῶνται ἐκ τοῦ μὴ ὄντος, δογματίζουμε ἀφελῶς καὶ ἀνοήτως ὅτι τὸ παντάπασι στεῖρο εἶναι ἱκανὸ ᾽ν᾽ ἀπογεννᾶ.

φς΄. Ἐπειδὴ ἡ ἔφεσι συνδέει τὸ ἐφετὸ πρὸς τὸ ἐφετικὸ ἀναφαινόμενη εὐθὺς μετὰ τὸν χωρισμό τους, διὰ τοῦτο καὶ τὸ πρῶτο τὸ ὁποῖο γεννᾶται μετὰ τὸν χωρισμό τῆς ψυχῆς ἀπὸ τὸ ἀγαθὸ εἶναι ἡ ἔφεσί του.

φζ΄. Ὅσο αὐξάνεται ἡ ζωὴ καὶ ἡ νόησι, τόσο μειώνεται ἡ σωματότητα.

φη΄. Ἀληθῶς, εἴμαστε νεκροὶ ᾽ς αὐτὴν τὴν ἐγκόσμια, ἐπίγεια ζωή, θαμμένοι ἐντὸς τοῦ τάφου τοῦ σώματος, ὅ,τι δὲ

μᾶς περιβάλλει 'δὲν εἶναι ἄλλο ἀπὸ ἀ-
χλύ, σκιά, σῆψι καὶ θάνατος.

φθ΄. Ἐπειδὴ ἡ γένεσι εἶναι ἀδύνατον
'νὰ περιέξῃ τὴν οὐσία ὄντας ἡ σκιά
της, ὅταν ὑπολαμβάνουμε τὰ γενητὰ
τὰ ὁποῖα εἶναι ἁπλῶς ἔνυλα καὶ ἀνού-
σια ποιά, ὡς ὄντα, συγχέουμε τὰ εἴδω-
λα καὶ τὶς εἰκόνες πρὸς τὰ αἰώνια πα-
ραδείγματά τους.

φι΄. Ἔχοντας λάβει ἡ ψυχὴ τὸ φῶς τοῦ
ἀγαθοῦ εἶναι ἀνάγκη 'νὰ μὴ μείνη 'ς
αὐτό, ἀλλ' ἐμφωτισμένη ὁλόκληρη 'νὰ
κινηθῇ ἐπέκεινά του.

φια΄. Τὸ ὅτι ἀπόλλυται ἡ συναίσθησι
κατὰ τὸν ἑνισμὸ σημαίνει ὅτι εἶναι κά-
τι πρότερό της ἐντὸς τῆς ψυχῆς, ἀπὸ
τὸ ὁποῖο καὶ ἀναφαίνεται.

φιβ΄. Λέγουμε ὅτι τὰ θεῖα προοδεύουν
καὶ ἐπιστρέφουν, ἡ πρόοδος ὅμως αὐ-
τὴ καὶ ἡ ἐπιστροφὴ συμβαίνει μόνον
ἐντὸς τῆς διάνοιάς μας, ἡ ὁποία ἐκ

φύσεως ἐκτείνει τ' ἀνέκτατα, μερίζει
τ' ἀμέριστα καὶ χρονώνει τὰ ἄχρο-
να.

φιγ΄. Ἂν καὶ ὁ ἔρωτας τοῦ ἀγαθοῦ ἐμ-
φαίνεται συνήθως κατὰ τὴν βαθύτατη
ἡσυχία, ἐνδέχεται ἐνίοτε 'νὰ ἐμφανῇ
καὶ ἐντελῶς ἀπρόσμενα, ἀφαρπάζον-
τάς τὴν ψυχὴ ἀπὸ τὰ αἰσθητὰ καὶ ἀ-
νάγοντάς την ἕως τὸ ἕνα.

φιδ΄. Τέλος τῶν νηστειῶν καὶ τῶν ἀ-
γρυπνιῶν καὶ τῶν χαμευνιῶν καὶ πά-
σης ἄλλης ἀσκήσεως 'δὲν εἶναι ἄλλο
ἀπὸ τὴν ἀνεύρεσι τῆς βαθιᾶς ἐκείνης
ἡσυχίας διὰ τῆς ὁποίας ἐπανιδρυόμε-
θα ἐν τῷ ἀγαθῷ καὶ ἀναπαυόμεθα.

φιε΄. Μόνον ἐὰν ὁμοιωθοῦμε πρὸς τὸν
θεὸ θ' ἀξιωθοῦμε 'νὰ τὸν 'δοῦμε, ἐφ'
ὅσον μόνον ἀπὸ τὸ 'δικό του βλέμμα
βλέπεται.

φις΄. Ὅσο περισσότερο τὸ προςεγγίζει
ἡ ψυχή, τόσο λαμπρότερο γίνεται τὸ
φῶς του, ὅταν δὲ τὴν διαπερνᾷ ὁλό-

κληρη ἀπολλύει ἐντός του παντελῶς τὸν ἑαυτό της, μὴ διακρινόμενη πλέον ἀπ᾽ αὐτό.

φιζ´. Ἔνεκα τοῦ πέρατος εἶναι τὸ εἶδος, ἕνεκα δὲ τῆς ἑνότητος τὸ πέρας.

φιη´. Ὡς τὴν ἀποκαθαρμένη ψυχὴ τὸ θεῖο ἐμφαίνεται ὄχι μόνον ᾽ς ὅσα ὑπολαμβάνονται καλά, ὅπως ἡ ἐλαία, ἡ δάφνη καὶ ἡ ἄμπελος, ἀλλὰ καὶ ᾽ς ὅσα αἰσχρά, ὅπως ἡ βλάττη, ἡ κρεατόμυγα καὶ ὁ κοπροκάνθαρος.

φιθ´. Νὰ τιμῶμε τοὺς ἀριθμοὺς ὄντας ὅ,τι τιμιώτερο εἶναι δυνατὸν ᾽νὰ ἐννοηθῇ, μὴ λησμονῶντας ὅτι ἄνευ αὐτῶν εἶναι ἀδύνατον ᾽νὰ ἐννοηθῇ ὁτιδήποτε.

φκ´. Τί ἄλλο εἶναι οἱ Πλατωνικοὶ καὶ Πυθαγόρειοι φιλόσοφοι εἰ μὴ κύκνοι ἀπολλωνιακοί; διότι οὔτε κακία εἶναι ἐντός τους οὔτε μῖσος οὔτε φθόνος οὔτε ὀργὴ οὔτε κενοδοξία οὔτε λαιμαργί-

α ούτε σαρκική επιθυμία ούτε πλεονε-
ξία ούτε φόβος ούτε λύπη, αλλ᾽ αρμο-
νία καὶ συμμετρία καὶ ψυχικὸ κάλλος
καὶ ἀρετή· ἀποκαθαρμένοι δὲ ἀπὸ τὸ
σῶμα, ἐξαγνισμένοι ἀπὸ τὰ πάθη, ἀ-
φοσιωμένοι ἐξ ὁλοκλήρου ᾽ς τὸν θεό,
διάγουν ἄγια, ὅσια καὶ ἀγνὰ ὡς ἁπλοῖ
νόες, ὄντας ἀνδρεῖοι, σοφοί, σώφρο-
νες καὶ δίκαιοι, φίλοι τῆς ἐρημίας, τῆς
θεωρίας, τῆς ἡσυχίας καὶ τῆς σιωπῆς,
καταβιβάζοντας ᾽ς τὴν γῆ τὴν ἀρμονία
τῶν οὐρανῶν.

φκα΄. Ἀποκαλεῖται ἑνότητα, καίτοι οὔ-
τε ἑνότητα εἶναι οὔτε ἔχει, μόνο καὶ
μόνο ἐπειδὴ τὴν παρέχει ᾽ς ὅλα τ᾽ ἄλ-
λα, ὄντας ὅ,τι ἁπλούστερο εἶναι δυνα-
τὸν ᾽νὰ ἐννοηθῇ.

φκβ΄. Ἐὰν νομίζοντας ὅτι ἔχουμε ἔλ-
θει ᾽ς αὐτὸ αἰσθανώμαστ᾽ εὐφροσύνη,
χαρά, εὐδαιμονία ἢ μακαριότητα ᾽δὲν
εἴμαστ᾽ ἔτι ἐκεῖ· διότι εἶναι ἐπέκεινα
καὶ τῆς χαρᾶς καὶ τῆς εὐδαιμονίας καὶ

τῆς εὐφροσύνης καὶ τῆς μακαριότητας.

φκγ΄. Εἶναι ἄλλο τὸ ᾽νὰ ὁμιλοῦμε περὶ τῆς ἑνότητας τῶν πάντων καὶ ἄλλο τὸ ᾽νὰ τὴν συναισθανώμαστε· διότι διὰ τὸ δὲ ἀπαιτεῖται μακρὰ ἄσκησι καὶ θεωρία, καθαρμοὶ σωματικοὶ καὶ ψυχικοί, ἐρημία καὶ σιωπὴ πολυετής, νοητικοὶ ἀναβασμοί, ἡσυχία, μελέτη καὶ ἑνισμοί.

φκδ΄. Αἰσθανόμαστε τὸ αἰσθητό, διανοούμαστε τὸ διανοητό, νοοῦμε τὸ νοητό, ᾽ς τὸ δὲ ἐπέκεινα τῶν πάντων, μὴ ὄντας ἄλλος τρόπος προςεγγίσεώς του, ἀπλῶς παραδιδόμαστε.

φκε΄. Ὁ Ἅδης ᾽δὲν εἶναι τόπος κάπου ᾽ς τὰ ἔγκατα τῆς γῆς, παγερὸς καὶ σκοτεινός, ἀλλὰ ἡ ἀπώλεια τῶν λογικῶν δυνάμεων τῆς ψυχῆς κατὰ τὴν ἀπόπτωσί της ᾽ς τὴν ἀλογία τῆς ἐνσαρκώσεως.

φκϛ΄. Ἡ ὁρμὴ καὶ ἡ ὄρεξι συνυφαίνονται μὲ᾽ τὸ σῶμα, ἡ ἐπιθυμία καὶ ἡ θέλησι μὲ᾽ τὴν ἄλογη ψυχή, ἡ βούλησι καὶ ἡ ἔφεσι μὲ᾽ τὴν λογική, ὁ δὲ ἔρωτας μὲ᾽ τὸ θεῖο.

φκζ΄. Ἡ ψυχὴ πρέπει συνεχῶς ᾽ν᾽ ἀναθυμῆται τὸν θεό, διότι ἐὰν ἀποπειραθῇ ᾽νὰ χωρισθῇ ἀπὸ τὸ σῶμα μὴ ἔχοντας στραφῇ ᾽ς τὴν θεϊκὴ νοερὴ πηγή της κινδυνεύει ᾽ν᾽ ἀπολισθήσῃ ᾽ς τὴν σκοτεινότητα τοῦ μὴ ὄντος καὶ τὸ χαῶδες βάραθρο τῆς ὕλης.

φκη΄. Ἀκόμη καὶ ἂν μὴ κινοῦνταν ἀπὸ θεῖες ψυχές, θὰ ὠφείλαμε ᾽νὰ τιμῶμε τοὺς ἀστέρες ὡς τὰ κάλλιστα κοσμήματα τοῦ αἰσθητοῦ κόσμου, καθὼς καὶ διὰ τὸ φῶς τὸ ὁποῖο ἀφθόνως μᾶς παρέχουν.

φκθ΄. Ὅσο τὸ ἀναζητοῦμε ᾽δὲν τὸ εὑρίσκουμε καὶ ὅσο τὸ ἐπιθυμοῦμε ᾽δὲν μᾶς φανερώνεται καὶ ὅσο νομίζουμε ὅτι τὸ προςεγγίσουμε, τόσο τοῦ ἀπομακρυνόμαστε.

φλ΄. Τρεῖς ἡλίους ὑπολαμβάνουμε θεοὺς λατρεύοντάς τους, τὸν ἐπουράνιο αἰσθητό, τὸν ὑπερουράνιο νοητό (τὸν προςαγορευόμενο ἄλλοτε καὶ Ἀπόλλωνα) καὶ τὸν πατέρα καὶ γεννήτορ᾿ ἀμφοτέρων, τὸν ὑπεραίσθητο καὶ ὑπέρνοο ἥλιο τοῦ ἀγαθοῦ, τὸν ὑπέρλογο, ὑπέρλαμπρο καὶ ὑπερούσιο.

φλα΄. Ἐὰν βουλώμεθα -κατὰ τὴν πυθαγόρεια γνώμη- ᾿νὰ γνωρισθοῦμε ἀπὸ τοὺς θεούς, ἃς μὴ μᾶς μέλη ἂν ἀγνοηθοῦμε ἀπὸ τοὺς ἀνθρώπους.

φλβ΄. Εἶναι πρὸ τῆς συναισθήσεως μία ἄλλη συναίσθησι λεπτότερη, ἡ ὁποία φαίνεται ᾿νὰ προχωρῇ ἐπέκεινα τῆς πρώτης, περιλαμβάνοντάς την.

φλγ΄. Ἐμποδίζεται ἡ ψυχὴ ᾿νὰ διακρίνῃ τὴν αἴγλη, τὸ θάμβος καὶ τὸ μεγαλεῖο τοῦ ἐντός της θεοῦ, ἕνεκα τῆς σκοτεινότητος τοῦ γεώδους σώματος ᾿ς τὸ ὁποῖο ἔχει ἐμβαπτισθῇ.

φλδ΄. Ἐπειδὴ τὸ ἀγαθὸ ἐπιλάμπει ᾿ς τὸν νοῦ, ὁ νοῦς ᾿ς τὴν ψυχὴ καὶ ἡ ψυχὴ ᾿ς τὸν κόσμο, εἶναι φανερὸ ὅτι ὁ κόσμος εἶναι ἡ ἔλλαμψι τῆς ψυχῆς, ἡ ψυχὴ τοῦ νοῦ καὶ ὁ νοῦς τοῦ ἀγαθοῦ.

φλε΄. Ἀπομαντευόμαστε τὸ ὕψος ᾿ς τὸ ὁποῖο εἴχαμε ἀνέλθει ὄντας ᾿ς τὸ πρῶτο καὶ τιμιώτατο, ὄχι κατὰ τὴν ἕνωσί μας -τότε ἄλλωςτε τί ποτε ᾿δὲν συναισθανόμασταν- ἀλλὰ κατὰ τὴν κατάβασί μας ἀπ᾿ αὐτό.

φλς΄. Ἔχοντας ἡσυχάσει καὶ ἀποβάλει κάθε πλῆθος, ἐπεγκλίνουμε τὸν νοῦ μας ᾿ς τὴν ἑνότητα, ὄχι διὰ ᾿νὰ ἐννοήσουμε τὴν ἀνεννοησία της, ἀλλὰ διὰ ᾿νὰ τὴν βιώσουμε μυστικῶς.

φλζ΄. Ὅ,τι καλοῦμε ἄνοδο τῆς ψυχῆς ᾿ς τὸν νοῦ καὶ νόωσί της ᾿δὲν εἶναι ἄλλο ἀπὸ τὴν θεσπέσια θέασι τοῦ ὅλου ἀπὸ τὸ ὅλο.

φλη΄. Εἶναι ἀνάγκη, ἐφ᾿ ὅσον καθ᾿ ἡμᾶς τοὺς Πλατωνικοὺς ἡ φιλοσοφία εἶναι ὄχι μόνον θεωρία ἀλλὰ καὶ βίος, ἡ θεωρία 'νὰ ἐκβάλλῃ εἰς βίον καὶ ὁ βίος εἰς θεωρίαν· εἰ δ' ἄλλως εἴμαστε ἀνάξιοι τοῦ τίμιου ὀνόματος τοῦ φιλοσόφου.

φλθ΄. Ἀποκαθαίρουμε τὴν ψυχή μας ἀπὸ κάθε πλῆθος, σωματικό, ψυχικὸ ἢ νοητικό, ὅταν προσέχουμε 'ς τὴν ἑνότητα ὅπου καὶ ἂν τὴν συναπαντοῦμε.

φμ΄. Κατὰ τὸν ἡσυχασμὸ τῆς ψυχῆς οἱ αἰσθήσεις καὶ οἱ φαντασίες, οἱ ἀναμνήσεις καὶ οἱ δόξες, οἱ κρίσεις καὶ οἱ λογισμοὶ φαντάζουν τόσο ἀλλότρια καὶ ξένα ὅσο καὶ τὰ πέριξ αἰσθητά.

φμα΄. Ὁπότε ὁ νοῦς στρέφεται 'ς ἕνα νοητὸ σημεῖο, αὐτὸ ἀναβλύζει φῶς.

φμβ΄. Ἀγανακτοῦμε ἀπὸ τὴν φθορά, τὶς νόσους, τὸ γῆρας καὶ τὸν θάνατο, ἐπειδὴ ζῶντας κατὰ τὸ σῶμα καὶ τὶς ἐπιθυμίες του ἀδυνατοῦμε 'νὰ βιώσουμε τὴν χωριστὴ ζωὴ τῆς ψυχῆς.

φμγ΄. Ἡ ἀληθινὴ ἀναχώρησι ᾿δὲν εἶναι ἀπὸ τὸν κόσμο, ἀλλ᾿ ἀπὸ τὸ σῶμα.

φμδ΄. Ἂς τὸ πλησιάζουμε ἀναλογιζόμενοι ὅτι οὔτε ὄγκος εἶναι οὔτε ἀογκία, ἀλλ᾿ ἐγγύτερα τῆς ἀογκίας, οὔτε διάστασι οὔτε ἀδιαστασία, ἀλλ᾿ ἐγγύτερα τῆς ἀδιαστασίας, οὔτε ἔκτασι οὔτε ἀνεκτασία, ἀλλ᾿ ἐγγύτερα τῆς ἀνεκτασίας, οὔτε πλῆθος οὔτε ἕνα, ἀλλ᾿ ἐγγύτερα τοῦ ἑνός.

φμε΄. Ἀπὸ τὴν ἀσυναίσθητη ἐγρήγορσι ἀναφαίνεται μία ἁπλῆ συναίσθησι, ἀπὸ τὴν ἁπλῆ δὲ αὐτὴν συναίσθησι μία πρώτη ἐπίγνωσι τοῦ ἑαυτοῦ.

φμς΄. Ἐὰν ἤμαστ᾿ αἰώνια ἑνωμένοι διὰ τί λέγουμε πάλι καὶ πάλι ὅτι ἐπιζητοῦμε τὴν ἑνότητα; διότι ἕνεκα τῆς καθόδου τῆς ψυχῆς ᾿ς τὴν γένεσι ἀπολέσαμε τὴν νοερή μας ἐποπτεία, περιωρισμένοι ᾿ς τὸ ἔγχρονο, τὸ μερισμένο, τὸ ὠγκωμένο καὶ τὸ διαστατό.

φμζ΄. Εἶναι ἀνάγκη 'νὰ ἤμαστε κατὰ τὸ ἀνθρωπίνως δυνατὸν αὐτάρκεις, διότι ὄντας ἡ αὐτάρκεια ἕνα ἀπὸ τὰ ἰδιώματα τοῦ θεοῦ, ὅσο αὐταρκέστεροι γινόμαστε τόσο περισσότερο τοῦ ἐξομοιωνόμαστε.

φμη΄. Ἔχοντας συναγάγει εἰς ἕνα ἡ ψυχὴ ἅπασες τὶς δυνάμεις της ἡσυχάζει, γίνεται τὰ πάντα καὶ τί ποτε, εἶναι παντοῦ καὶ πουθενά, καθ᾽ ὁμοίωσιν καὶ μίμησιν τοῦ ἑνός.

φμθ΄. Εἴμαστ᾽ ἐντὸς τῶν πάντων καὶ τὰ πάντα εἶναι ἐντός μας καὶ τὸ μέρος εἶναι ὅλον καὶ τὸ ὅλον μέρος καὶ τὰ πάντα εἶναι ἀδιαχώριστα καίτοι διακεκριμένα, ὅταν ἀνεῳγμένου τοῦ ὄμματος τῆς ψυχῆς ἐξαναγινώμαστε νόες, ἐπανακτῶντας τὴν ἀρχαία μας κατάστασι.

φν΄. Ὅσο περισσότερο τοῦ ἀπομακρυνόμαστε, τόσο ὀλιγώτερο ἀντιλαμβανόμαστε ὅτι τὸ ἐπιθυμοῦμε, καίτοι ἡ ἐπιθυμία μας πρὸς αὐτὸ παραμένει ἄσβεστη.

φνα΄. Τὸ αἰσθητὸ κάλλος ἀνακαλεῖ τὴν ψυχὴ 'ς τὰ νοητά, ἐγείροντας ἐντός της μίαν ἀμυδρὴ ἀνάμνησί τους καὶ ἕναν ἁβρό, εὐφρόσυνο ἔρωτα πρὸς αὐτά.

φνβ΄. Ὁμολογοῦμε μὲ᾽ τὸν θεῖο Πλωτῖνο ὅτι ὅπως οὐδέποτε τὰ κατοπτριζόμενα ἐφάπτονται τοῦ κατόπτρου, ὁμοίως καὶ τὰ εἴδη τῆς ὕλης καὶ ἡ ψυχή, ὄντας εἶδος, τοῦ σώματος.

φνγ΄. Βυθὸς τοῦ θεοῦ εἶναι ἡ ἑνότητα, ἐπιφάνειά του δὲ ἡ ἐσχατιὰ τῆς ψυχῆς.

φνδ΄. Ἐκχέεται ἀνεκχύτως καὶ ἐκτυλίσσεται ἀνεκτυλίκτως καὶ ἀναπτύσσεται ἀναπτύκτως, πληρῶντας νόες καὶ ψυχὲς καὶ σώματα αἰσθητά.

φνε΄. Ὁ ἔρως τῆς ψυχῆς πρὸς τὸ ἀγαθὸ 'δὲν εἶναι μόνον τὸ ἄκρο τῆς ἐφέσεώς της, ἀλλὰ καὶ κάτι ὑπέρτατο καὶ θεϊκό, μία διαρκὴς θεία ὑπόμνησι, ἕνα ἴχνος τοῦ ἀγαθοῦ προαιωνίως ἀποτυπωμένο ἐντός της.

φνς΄. Ἐπιλάμποντας αἰωνίως 'ς τὴν
ψυχὴ ὁ νοητὸς ἥλιος τῆς δωρίζει δύ-
ναμι 'νὰ διακρίνη ἐντὸς τῆς λάμψεώς
του τὸ αἰσθητὸ ἀπὸ τὸ νοητό, τὸ πα-
ράδειγμ᾽ ἀπὸ τὴν εἰκόνα, τὸ θεῖο ἀπὸ
τὸ ἀνθρώπινο, ἐπαναστρέφοντάς την
διηνεκῶς ἀπὸ τὴν αἴσθησι 'ς τὴν νοε-
ρή του βασιλεία.

φνζ΄. Ὄντας ἡ ἀρετὴ φανέρωσι τῆς ἀ-
ληθοῦς φύσεως τῆς ψυχῆς, ὅ,τι καλοῦ-
με πρόσκτησί της 'δὲν εἶναι ἄλλο εἰ μὴ
ἡ ἀφαίρεσι τῆς προσειλημμένης κατὰ
τὴν πτῶσι της 'ς τὴν γένεσι κακίας.

φνη΄. Προηγεῖται μία αἴσθησι σχεδὸν
ἀβάστακτης μακαριότητας, ἀκολουθεῖ
ἔνα φῶς ὁρατὸ μόνον ἀπὸ τὸ ὄμμα
τῆς ψυχῆς, ἔπειτα πᾶσα αἴσθησι ἀπόλ-
λυται, ὅταν δὲ ἡ ψυχὴ ἐπανευρίσκη
τὸν ἑαυτό της οὐδεμίαν ἀνάμνησι τῶν
ὅσων ἔπαθε κατέχει.

φνθ΄. Ἐνδέχεται ὁ κατὰ τὸν Πλάτωνα

καὶ τοὺς Πυθαγορείους φιλόσοφος βί-
ος 'νὰ φανῇ φίλαλγος καὶ φιλώδυνος
'ς τοὺς πολλοὺς καὶ φιλοσώματους,
τῷ ὄντι ὅμως εἶναι φιλάρετος καὶ φι-
λάνθρωπος, φιλόθεος καὶ φιλαπαθής.

φξ΄. Πρὶν ἡ ψυχὴ λησμονήσῃ τὴν ἑνό-
τητά της πρὸς τὸν θεὸ κατὰ τὴν κάθο-
δό της εἰς τὴν γένεσι, 'δὲν ὑπῆρχε ἀ-
κόμη ὅ,τι λησμόνησε, οὔτε θὰ ὑπάρχῃ
ἀφ' οὗ ἀναμνησθῇ.

φξα΄. Ὅσο καὶ ἂν ὠφελοῦνται οἱ πολ-
λοὶ ἀπὸ τὰ ποικίλ' ἀρχαῖα μυθολογή-
ματα -ἑλληνικά, ἰνδικὰ ἢ ἰουδαϊκά- εἶ-
ναι ἀνάγκη ἐμεῖς 'νὰ τ' ἀπορρίψουμ'
ἐντελῶς, διότι προςωποποιῶντας καὶ
ἐξανθρωπίζοντας τὸ θεῖο τὸ ὑποβιβά-
ζουν· ὅ,τι δὲ εἶναι τοῦτα πρὸς αὐτούς,
ἂς ἦναι πρὸς ἐμᾶς τὰ μαθηματικά.

φξβ΄. Ἐπειδὴ ἡ στιγμὴ κατὰ τὴν ὁποί-
αν ἡ ψυχὴ ἀπολλύει τὴν συναίσθησι
ἐντὸς τοῦ ἑνὸς εἶναι ἡ μακαριώτερη
τῆς ζωῆς της, διὰ τοῦτο δέον 'νὰ ἐπι-
διώκεται ἐπιμόνως, ἀκόπως, ἀφόβως

καὶ ἀδιαλείπτως.

φξγ΄. Κατὰ τὴν ἄνοδο 'ς τὸ ἀγαθὸ ἀ-
παντᾷ ἐνίοτε ἡ ψυχὴ ἕνα ἀγνὸ πάλλευ-
κο φῶς, τὸ ὁποῖο ἀναγνωρίζει ἄλλοτε
ὡς ἀλλότριο, ἄλλοτε ὡς ἰδικό της.

φξδ΄. Ἀρχὴ τῆς πυθαγορείου καὶ τῆς
πλατωνικῆς φιλοσοφίας εἶναι ἡ ἐντο-
λὴ τοῦ θεοῦ 'νὰ γνωρίσουμε τὸν ἑαυτό
μας, ὅτι εἴμαστε ἀθάνατες ψυχὲς καὶ
ὄχι σώματα, ἀπὸ τὰ ὁποῖα χρειάζεται
'ν' ἀπαλλαγοῦμε, ἐὰν μέλλουμε 'νὰ ἐ-
πανέλθουμε 'ς αὐτόν.

φξε΄. Προσέχοντας 'ς ἕνα σημεῖο -'ς
ἕνα ἴχνος δηλαδὴ τοῦ ἑνός- ἀποκαθαί-
ρουμε τὴν διάνοια ἀπὸ τὸ πλῆθος,
συναγείρουμε τὸν νοῦ ἐπανευρίσκον-
τας τὴν πρώτη ἁπλότητά του καὶ ἑνί-
ζουμε παντελῶς τὴν ψυχή.

φξς΄. Ὅ,τι εἶναι σύνθετο, ὅπως τὸ σῶ-
μα ἢ τὸ πρόσωπο, διαλύεται μετὰ θά-
νατον 'ς τὰ στοιχεῖα ἀπὸ τὰ ὁποῖα

συνετέθη· ὅ,τι δὲ ἁπλό, ὅπως ἡ ψυχή, ἐπιβιώνει ἕνεκα τῆς ἁπλότητάς του.

φξζ΄. Ὁ οὐρανὸς εἶναι ὁ ναὸς τῆς ψυ-χῆς, ἡ ψυχὴ τοῦ νοῦ καὶ ὁ νοῦς τοῦ ἑ-νός.

φξη΄. Ἐὰν παρεμβληθῇ μεταξὺ ἡμῶν καὶ αὐτοῦ ἔννοια, λόγος ἢ ὄνομα, εὐ-θὺς ἀπόλλυται ἡ συναίσθησί του.

φξθ΄. Ἐπειδὴ εὐκολώτερα διακρίνει ἡ ψυχὴ τὴν μετάληψι τοῦ ἑνὸς ἀπὸ τὰ ὅ-μοια παρὰ ἀπὸ τ᾽ ἀνόμοια, ἃς ἄρχεται ἡ ἀνάβασι ἀπὸ τὰ μὲν καὶ ἃς προχωρῇ ἔπειτα ᾽ς τὰ δέ.

φο΄. Οὔτε ἕνα εἶναι οὔτε ἑνότητα, οὔτε ἀγαθὸ οὔτε ἀγαθότητα, οὔτε ἄρρητο οὔτε ἀρρησία, ἀλλ᾽ ὅπως καὶ ἂν τὸ προσαγορεύσουμε, τοῦ προβάλλουμε ἁπλῶς τὶς ᾽δικές μας ἐπίνοιες, δόξες καὶ φαντασίες.

φοα΄. Ἀντὶ ᾽νὰ στρεφώμαστε πρὸς τὰ

ἔξω κατακρημνιζόμενοι 'ς τὴν ἀλογία τῶν παθῶν, τῶν κακιῶν καὶ τῶν ἐπιθυμιῶν, ἃς θεραπεύουμε διηνεκῶς τὸ θεῖο ἐντός μας, ζῶντας κατ᾽ αὐτὸ μίαν ἄκακη, τίμια καὶ ὅσια ζωή.

φοβ΄. Ὁ χωρισμὸς τῆς ψυχῆς ἔχει ἤδη ἀρχίσει, ὅταν ἀναδύεται ἐντός της ἡ πρώτη συναίσθησι τῆς ἑτερότητάς της.

φογ΄. Μελετῶντας τὴν γένεσι καὶ τὶς ἰδιότητες τῶν ἀριθμῶν, ἀναγνωρίζει ἡ ψυχὴ τὴν ἴδια της τὴν γένεσι καὶ σύστασι, θεωρῶντας δὲ τὸ κάλλος αὐτῶν τῶν ἰδιοτήτων, τὸ ἴδιο της τὸ κάλλος.

φοδ΄. Ἐπειδὴ μόνον ἁπλῆ, ἔρημη καὶ μόνη εἶναι δυνατὸν 'νὰ πορευθῇ ἡ ψυχὴ πρὸς τὸ ἀγαθό, εἶναι ἀνάγκη 'ν᾽ ἀποθέσῃ πᾶσα μορφή, αἰσθητὴ ἢ νοητή.

φοε΄. Ἄλλοτ᾽ ἐμφαίνεται 'ς τὴν ψυχὴ ὡσὰν αἰφνίδια ἔλλαμψι νοητοῦ φωτός, ἄλλοτε δὲ τὸ αἰσθάνεται ἐντός της ὡςἀν μία διαρκῇ, γαλήνια παρουσία.

φος΄. Δὲν ἀρκεῖ 'ν' ἀνεύρουμε τὸ ἐντός μας ἀθάνατο καὶ θεῖο (καὶ 'ν' ἀπορρίψουμε τὸ ζωῶδες καὶ θνητό), ἀλλὰ χρειάζεται 'νὰ ζήσουμε καὶ κατ' αὐτὸ ἤ -ὀρθότερα- ὡς αὐτό.

φοζ΄. Διστάζει ἡ ψυχὴ 'νὰ τοῦ ἀφεθῇ, ὄχι μόνον ἐπειδὴ τὸ ἀγνοεῖ, ἀλλὰ καὶ ἐπειδὴ γνωρίζει ὅτι 'δὲν θὰ τὸ γνωρίσῃ ἀκόμη καὶ ἂν τὸ πλησιάσῃ καὶ τὸ ἀπογευθῇ.

φοη΄. Ὁ αἰσθητὸς κόσμος εἶναι ἐντὸς τῆς ψυχῆς καὶ ἡ ψυχὴ ἐντὸς τοῦ νοῦ καὶ ὁ νοῦς ἐντὸς τοῦ ἑνός· ὥστε τὰ πάντα εἶναι ἐντὸς τοῦ ἑνὸς καὶ ζοῦν καὶ νοοῦν καὶ ὑπάρχουν καὶ ἀναπνέουν.

φοθ΄. Κατὰ τὸν ἐνισμό της ἡ ψυχὴ τὸ αἰσθάνεται ὡςὰν μίαν αἰώνια, ἀπέραντη ἔκτασι ἄνευ διαστάσεων, ὄγκου

καὶ μερῶν, ἀναφῆ, ἀχρώματη καὶ ἀ-
σχημάτιστη.

φπ΄. Τὸν ἄγνωστο, ἀνωνόμαστο θεὸ
τὸν ἐγγίζουμε μόνον διὰ μιᾶς ἄφατης,
ὑπέρνοης ἐπαφῆς καὶ μόνον ἐφ᾽ ὅσον
τοῦ ἀφεθοῦμε· τότε δὲ μᾶς πληροῖ τό-
σο πολύ, ὥςτε ᾽δὲν τὸν διακρίνουμε
πλέον ἀπὸ τὸν ἑαυτό μας.

φπα΄. Ὅπως ὁ νοῦς ἀδυνατεῖ ᾽νὰ νοή-
σῃ τὸ ἕνα ὡς ἕνα, ἀλλὰ τὸ νοεῖ ὡς νο-
ητό, ὁμοίως καὶ ἡ ψυχὴ τὸν νοῦ ὡς
νοῦ, ἀλλ᾽ ἐξομοιώνοντάς τον πρὸς τὴν
οἰκεία της διάνοια.

φπβ΄. Οὔτε ἑνισμὸς εἶναι οὔτε ἕνωσι
οὔτε ἐπανένωσι, ἀλλ᾽ ἐπιστροφὴ ᾽ς
τὸν ἄυλο, ἀσώματο, ἀνέκπτωτο ἑαυτό
μας.

φπγ΄. Πόσο μικρά, οἰκτρὰ καὶ ποταπὰ
φαντάζουν ὅσα ἔχουμε ζήσει κατὰ τὴν
σύντομη ἐγκόσμια ζωή μας ὅταν ἐγγί-
ζουμε τὴν ἀπεραντοσύνη του.

φπδ΄. Ὄντας ὄχι ἁπλῶς ἄγνωστο ἀλλ᾽ ὑπεράγνωστο, ἐὰν τὸ πλησιάσουμ᾽ ἐπιθυμῶντας ᾽νὰ τὸ γνωρίσουμε, ὄχι μόνον ᾽δὲν θὰ τὸ γνωρίσουμε, ἀλλὰ θ᾽ ἀπολέσουμε καὶ κάθε ἐπίνοιά του καὶ ἐπαφή.

φπε΄. Καίτοι ἀπομαντεύεται ἡ ψυχὴ τὸ ἐπέκεινα τῶν πάντων, συχνὰ ἀμφιβάλλει ἂν δύναται ᾽νὰ τὸ προσεγγίση, φοβᾶται καὶ διστάζει ᾽νὰ τοῦ παραδοθῆ· ὅταν ὅμως ἔρχεται ᾽ς αὐτό (ἢ αὐτὸ ἔρχεται ᾽ς ἐκείνην) ὄχι μόνον οἱ ἀμφιβολίες, οἱ φόβοι καὶ οἱ δισταγμοί της ἐξαλείφονται, ἀλλ᾽ ἀπορεῖ πῶς ἦταν δυνατόν ποτε ᾽ν᾽ ἀμφέβαλλε δι᾽ αὐτό, ᾽νὰ φοβόταν καὶ ᾽νὰ δίσταζε ᾽νὰ τοῦ παραδοθῆ.

φπϛ΄. Ἠρεμία σωματική, ἡσυχία ψυχική, κένωσις νοητική, ἀναμονὴ δὲ ἕως ἂν τὸ ὑπέραλλο καὶ ὑπέρακρο καὶ ὑπέραπλο ἐπιτέλους ἐκφανῆ.

φπζ΄. Ἡ νόησι περατοῦται ᾽ς τὴν ἀνοησία τοῦ μηδαμῶς ὄντος καὶ τοῦ ἀ-

πείρου καὶ 'ς τὴν ἀπερίληπτη ἁπλότη-
τα τοῦ αὐτοενός.

φπη'. Ἐπιθυμοῦμε 'νὰ διασώσουμε
τὸν ἐφήμερο ἑαυτό μας, μόνον ἐὰν μὴ
ἔχουμε βιώσει τὴν ἄφατη μακαριότητα
τῆς ἀπώλειάς του ἐντὸς τῆς ἀπεραντο-
σύνης τοῦ θεοῦ.

φπθ'. Ἐπειδὴ εἶναι ἀδύνατον ὁ παγ-
χώρητος νοῦς 'νὰ χωρέσῃ τὸ ἀχώρητο
(πῶς 'νὰ τὸ χωρέσῃ ἐξ ἄλλου ὄντας
αἰωνίως ἐντός του), μόνον διὰ τῆς
παντελοῦς κενώσεώς του τὸ προςπε-
λάζει.

φ϶'. Κατὰ τὴν βαθύτατη ἡσυχία, καί-
τοι τὸ φυτικὸ μέρος τῆς ψυχῆς ἀκόμη
ἐνεργεῖ, τὸ σῶμα κεῖται ἄπνοο καὶ
ἄκαμπτο ὡςὰν πτῶμα.

φ϶α'. Μὴ λέγουμε μήτε ὅτι τὸ ἕνα εἶ-
ναι ἐντός μας μήτ' ἐκτός μας, διότι ἂν
ἦναι ἐντός μας εἶναι κἄτι ἐντός μας
καὶ ἂν ἦναι ἐκτός μας εἶναι κἄτι ἐκτός
μας· ἀλλὰ 'δὲν εἶναι κἄτι, ἄρα οὔτ'

ἐντός μας εἶναι οὔτ᾽ ἐκτός μας, ἀλλ᾽ ἐ-
μεῖς εἴμαστ᾽ ἐντός του καὶ νοοῦμε καὶ
ζοῦμε καὶ ὑπάρχουμ᾽ ἐν αὐτῷ.

φΨβ΄. Ἄλλοι λέγουν ὅτι κατὰ τὴν ἕνωσι
ἡ ψυχὴ ἀφομοιώνεται ἀπὸ τὸν θεὸ,
ἄλλοι ὅτι ὄχι, ἐμεῖς δέ, ἔχοντας βιώσει
τὴν ἀκατανοησία της, λέγουμε ὅτι εἶ-
ναι ἀδύνατον ᾽νὰ λεχθῇ.

φΨγ΄. Μόνον ὅταν ἁπλῶς ἤμαστε, ἤ-
συχοι, ἀκίνητοι καὶ σιωπηλοί, ἐπανευ-
ρίσκουμε τὸν ἀγέννητο, ἀσώματο ἑαυ-
τό μας· διότι πᾶσα κίνησι, σκέψι ἢ ρο-
πὴ μᾶς ἀπομακρύνει ἀπ᾽ αὐτόν.

φΨδ΄. Φαίνεται ᾽νὰ ἤμαστε ἡ ἄρρητη
ἐκείνη ἐγρήγορσι ἀπὸ τὴν ὁποία ἀνα-
φαίνονται ἡ συναίσθησι καὶ ἡ νόησι, ἡ
διάνοια καὶ ἡ φαντασία, ἡ δόξα καὶ ἡ
αἴσθησι, τὸ σῶμα καὶ ἄπαντα τὰ αἰ-
σθητά.

φΨε΄. Ἀδυνατοῦμε ᾽νὰ ἐννοήσουμε
πῶς ἀκριβῶς ἔχουμε πρὸς αὐτό, ὄχι

μόνον ἐπειδὴ ἀγνοοῦμε ἂν ἔρχεται ἔ-
σωθεν ἢ ἔξωθεν, ἀλλὰ καὶ ἂν ἔρχεται
ἀκόμη· διότι φαίνεται ὡσὰν 'νὰ ἦναι
αἰωνίως ἐδῶ, ἀλλ' ἐμεῖς προσέχοντας
ἀλλοῦ, 'ν' ἀδυνατοῦμε 'νὰ τὸ ἀντιλη-
φθοῦμε.

φ⁴ϛ'. Μὴ λησμονοῦμε 'ν' ἀπογυμνώ-
νουμε συνεχῶς τὸν νοῦ μας ἀπὸ πᾶ-
σαν ἔννοια, ἐπίνοια ἢ φαντασία τοῦ
θεοῦ.

φ⁴ζ'. Μία ὁδὸς εἶναι 'ν' ἀφήσουμε τὰ
πάντα, καὶ τὶς αἰσθήσεις καὶ τὶς φαν-
τασίες καὶ τὶς ἀναμνήσεις καὶ τοὺς λο-
γισμοὺς καὶ κενωμένοι παντελῶς 'νὰ
τοῦ ἀφεθοῦμε· ἄλλη 'ν' ἀνεύρουμε τὸ
κοινὸ ἐντὸς τῶν πολλῶν, τὸν νοῦ ἐν-
τὸς τῶν νοούντων, τὴν ζωὴ ἐντὸς τῶν
ζώντων, τὴν οὐσία ἐντὸς τῶν ὄντων,
τὸ ἕνα ἐντὸς τῶν πολλῶν, 'νὰ τὸ συν-
αισθανθοῦμε καὶ 'ν' ἀφεθοῦμε πάλι ὅ-
πως καὶ πρίν.

φιη΄. Ὅ,τι νοεῖ τὸν ἑαυτό του, πρῶτα χωρίζεται ἀπ᾿ αὐτὸν καὶ ἔπειτα ἐπιστρέφει καὶ ἐπανενώνεται, ὄντας ἡ νόησι κάτι ὡςἂν ἐπιστροφὴ καὶ ἐπαφή· ἡ ἐπανένωσι δὲ αὐτὴ εἶναι ἡ ἑνότητα τῆς δυάδας, ἴχνος δηλαδὴ μόνο καὶ σκιὰ τῆς αὐτοενότητας.

φιθ΄. Εἴτε ἀντιληπτὸ εἴτε ἀναντίληπτο παρεῖναι αἰώνια ἐντός μας, εἶναι ἐμεῖς καὶ ᾿δὲν εἶναι, ἐλλάμπει δὲ ἀπερινόητα ᾿ς τὰ πάντα.

χ΄. Τὰ πάντα, καὶ νόες καὶ ψυχὲς καὶ σώματα, κινοῦνται ἐρωτικῶς πρὸς μίαν ἀπέραντη, ἀπερίληπτη, ἀπεριόριστην ἑνότητα.

ΒΙΒΛΙΟΝ ΤΡΙΤΟΝ

χ΄. Τὴν πάνσεπτην Ἑστία τὴν πρὸ τῶν πάντων πρῶτα 'ν' ἀνυμνοῦμε, τὴν ὕψιστη μονάδα ἀπὸ τὴν ὁποία τὰ πάντα προέρχονται, τὴν δεύτερη κατόπιν, τὴν τῶν πάντων πρὶν ἀκόμη χωρισθοῦν, ἀλλὰ καὶ τὴν τρίτη, τὴν ἐντὸς τῶν πάντων μετὰ τὸν χωρισμό τους· συνάγοντας εἰς ἕνα τὸν ἑαυτό μας, συνάπτοντας μονάδα πρὸς μονάδα καὶ ἀνταλλάσσοντας, ἐφορμῶντας 'ς ὁλοένα καὶ βαθύτερην ἑνότητα, τὸν χρόνο μὲ' τὴν αἰωνιότητα, τὴν γένεσι μὲ' τὴν οὐσία, τὸν ἄνθρωπο μὲ' τὸν θεό.

χα΄. Ἀνατέλλει ἐντός μας ὡσὰν ἄλλος ἥλιος λαμπρότερος τοῦ αἰσθητοῦ, ὅ,τι δὲ ἄλλο, εἴτ' ἐσωτερικὸ εἴτ' ἐξωτερικό (μέχρι καὶ ἐμεῖς ἀκόμη οἱ ἴδιοι), ἀφανίζεται ἀπὸ τὴν λαμπρότητά του.

χβ΄. Εἴμαστε ὅ,τι εἴμαστε, ἐπειδὴ 'δὲν εἴμαστε ὅ,τι 'δὲν εἴμαστε· ἂν δέ, ἔχοντας ἐνισθῇ, κατορθώσουμε 'νὰ ὑπερβοῦμε τὴν ἑτερότητά μας, οὔτε θὰ ἤμαστε ὅ,τι εἴμαστε, οὔτε 'δὲν θὰ ἤμαστε ὅ,τι 'δὲν εἴμαστε, ἀλλὰ θὰ ἔχουμε γίνει ἤδη τὰ πάντα, ἔχοντας μεταβῆ 'ς ἕναν ἄλλον τρόπο ὑπάρξεως, βαθύτερο, ἀληθινότερο καὶ ἱερό.

χγ΄. Ὁ πρῶτος τόκος τοῦ ἑνὸς ἐκφαίνεται 'ς τὴν ψυχὴ ὡς ἄπειρο καὶ ἑνιαῖο, ἐπέκεινα πάσης προσπελάσεως νοητικῆς, ἀνέπαφος καὶ ἀμέριστος ἀπὸ τὶς δυνάμεις τοῦ ἀριθμοῦ, ὄχι πλέον μονάδα, ἀλλ' οὔτε ἀκόμη δυάδα.

χδ΄. Συναντημένο ἔξωθεν φαντάζει περατό, ἔσωθεν δὲ ἀπέρατο· εἶναι ὅμως συνάμα καὶ περατὸ καὶ ἀπέρατο ἤ, ὀρθότερα, ἐπέκειν' ἀμφοτέρων.

χε΄. Ἀκρότητα τῆς ψυχῆς εἶναι ἡ ἄχραντη, ἀπερίληπτη μονάδα της, ἐσχατιά της τὸ ἀχανές, ἀπερίληπτο ἄπειρο, ἐσχατιά τῆς ἐσχατιᾶς της τὸ ἀπειράκις ἄπειρο, ἐσχατιὰ τῆς ἐσχατιᾶς τῆς ἐσχατιᾶς τὸ ἀπειράκις ἀπειράκις ἄπειρο καὶ οὕτω καθεξῆς.

χς΄. Δὲν θ᾽ ἁμαρτάναμε ἂν ὑπολαμβάναμε τὸ παντελὲς ζῷον τοῦ τιμιώτατου Πλάτωνος ὡς τὴν μαθηματικὴ ὑποτύπωσι τοῦ αἰσθητοῦ κόσμου ἐντὸς τοῦ θείου νοῦ.

χζ΄. Ἐπιστρέφοντας ἡ ψυχὴ ᾽ς τὴν αἰώνια πηγή της συναπαντᾷ μία κίνησι ἀγέννητη καὶ συνεχῆ, ἡ ὁποία οὔτε φορὰ εἶναι οὔτε ἀλλοίωσι, οὔτε αὔξησι οὔτε μείωσι, οὔτε γένεσι οὔτε φθορά.

χη΄. Ὑποθέτουμε δεύτερη μονάδα τὴν ἔξοδο τῆς πρώτης ἀπὸ τὸν ἑαυτό της, δυάδα δὲ τὸν τόπο τῆς ἐξόδου.

χθ΄. Ἐπειδὴ ἄπασες οἱ ψυχὲς εἶναι μία, ἂς μὴ διακρίνωνται ᾽ς ἀστέρων, ἀνθρώπων, ζῴων ἢ φυτῶν, ἀλλ᾽ ἂς συνομολογῆται μὲ᾽ τοὺς μέγιστους τῆς φιλοσοφικῆς μας παραδόσεως -τὸν Πυθαγόρα, τὸν Πλάτωνα καὶ τὸν Πλωτῖνο- ὅτι ἄπασες εἰςκρίνονται ᾽ς ἄπαντ᾽ ἀνεξαιρέτως τὰ σώματα κατὰ τὴν ἀρετὴ ἢ τὴν κακία τῶν προβιοτῶν τους.

χι΄. Ὑπάρχουμε μόνο καὶ μόνο ἐπειδὴ μετέχουμε ᾿ς ἐκείνην τὴν ὑπέραπλη, ὑπέρακρη ἀρχή, ἐὰν δὲ μὴ μετείχαμε, οὐδόλως καὶ οὐδέποτε θὰ ὑπήρχαμε, ἀφ᾿ οὗ εἶναι τὰ πάντα πρὸς ἐμᾶς, ἐμεῖς δὲ τί ποτε πρὸς ἐκείνην.

χια΄. Μὴ διαλανθάνῃ ὅτι ἡ φιλοσοφία εἴτε εἶναι κάθαρσι τῆς ψυχῆς ἀπὸ τὰ πάθη εἴτε ᾿δὲν εἶναι φιλοσοφία.

χιβ΄. Μόνον ἐὰν ἀγαπηθῇ μανικῶς ἡ ἐρημία, ἡ ἡσυχία καὶ ἡ σιωπή, ἐνδέχεται κάποτε ᾿νὰ ἐπιτευχθῇ ὁ τέλειος ἐκεῖνος ἐνισμός, ὁ ὁποῖος συχνὰ προηγεῖται τῆς ἐνώσεως.

χιγ΄. Ἕνεκα τῆς ἀπειροδυναμίας τῆς πρώτης ἀρχῆς ἡ ἀχάνεια τοῦ ἀπείρου διαχέεται ᾿ς ὅλα ὅσα ἀπογεννᾷ, προσδίδοντάς τους τὴν σκοτεινὴ ἐκείνην ἀοριστία τὴν ὁποίαν αἰωνίως ἀντιμάχεται ὁ ἀριθμός.

χιδ΄. Ἐπειδὴ ἕνα μέρος τῆς ψυχῆς πά-
σχει καὶ ἐνεργεῖ (αἰσθάνεται καὶ φαν-
τάζεται, ἀναμιμνήσκεται καὶ διανοεῖ-
ται, βουλεύεται καὶ πράττει), ἐν ᾧ ἕνα
ἄλλο ἀδιαλείπτως ἡσυχάζει, ἐὰν ἀ-
σκηθοῦμε ᾽νὰ ζοῦμ᾽ ἐπὶ μακρὸν κατὰ
τὸ δεύτερο, εἶναι δυνατὸν ᾽ν᾽ ἀρχίσου-
με κατ᾽ ὀλίγον ᾽νὰ συναισθανώμαστε
τὴν ἄκραν ἡσυχία του ἀκόμη καὶ ὅταν
τὸ πρῶτο ἐκεῖνο πάσχῃ καὶ ἐνεργῇ.

χιε΄. Ἐπιθυμεῖται ἀνεπιθυμήτως καὶ ἐ-
πιζητεῖται ἀνεπιζητήτως καὶ προσεγγί-
ζεται ἀπροσεγγίστως καὶ ἀναγνωρίζε-
ται ἀναναγνωρίστως.

χιϛ΄. Ἂν καὶ θ᾽ ἀναμενόταν ὁπόταν ἡ
ψυχὴ τείνῃ ᾽νὰ ἐκμηδενισθῇ ᾽νὰ συνα-
παντᾷ τὸ μηδὲν, συναπαντᾷ τοὐναντί-
ον τὸ ἄπειρο.

χιζ΄. Τὸ θάμβος τοῦ κάλλους ἑνὸς οἱ-
ουδήποτε αἰσθητοῦ εἶναι ἡ αἰφνίδια

ἔλλαμψι τῆς ἰδέας 'ς τὴν ὁποίαν κοι-
νωνεῖ.

χιη΄. Κατὰ τὴν ἐπίγεια ζωὴ 'δὲν εἴμα-
στε ἄλλο ἀπὸ τὸ λογικὸ μόριο τῆς ψυ-
χῆς, τὸ δὲ ἄλογο -θυμοειδὲς καὶ ἐ-
πιθυμητικό- εἶναι ἁπλῶς ἐφήμερες
προςγενέσεις τοῦ κόσμου τῶν αἰσθη-
τῶν, παντελῶς ἀλλότριες πρὸς ἐμᾶς.

χιθ΄. Τὸ τέλος τῆς πορείας τῆς κατὰ
Πλάτωνα φιλοσοφικῆς βιοτῆς εἶναι ὄ-
χι ἡ διαιώνισι τοῦ μέρους, ἀλλ᾽ ἡ ἀνά-
φανσί του ὡς ὅλου.

χκ΄. Ἐπειδὴ εἴτε τείνει πρὸς τὸ μηδὲν
εἴτ᾽ ἐπεκτείνεται πρὸς τὸ ἄπειρο ἡ κί-
νησι τῆς ψυχῆς φαίνεται 'νὰ ἦναι μία
καὶ ἡ αὐτή, τὸ ἄπειρο ὑπολαμβάνεται
συχνὰ ὡς μηδέν, τὸ δὲ μηδὲν ὡς ἄπει-
ρο.

χκα΄. Ἡ τέλεια συμμετρία τοῦ νοητοῦ
κόσμου, ἕνεκα τῆς ἀδυναμίας τῆς ὕλης
'νὰ τὴν ὑποδεχθῇ, ἐκφράζεται 'ς τὸν

αἰσθητὸ κόσμο ἀτελῶς, τουτέστιν ἀ-
συμμέτρως.

χκβ΄. Ζῶντας κατὰ λόγον καὶ νοῦν, ἀ-
πέχοντας ἀπὸ τὴν σαρκοφαγία καὶ
τοὺς ἀφροδισιασμούς, ἀσκῶντας τὶς
ἀρετὲς τῆς σωφροσύνης, τῆς ἀνδρείας,
τῆς φρονήσεως καὶ τῆς δικαιοσύνης,
διάγουν οἱ Πλατωνικοὶ καὶ Πυθαγό-
ρειοι φιλόσοφοι ὡςὰν θεοὶ ἀνάμεσα ΄ς
τοὺς ἀνθρώπους.

χκγ΄. Τὸ ὅλον πάσης ἀπειρίας εἶναι ἡ
οἰκεία της ἐνάδα.

χκδ΄. Κατὰ τὴν βαθιὰ ἡσυχία τῆς ψυ-
χῆς τὰ πάντα γίνονται μία ἀπέραντη
συναίσθησι, ἐντὸς τῆς ὁποίας τί ποτε
΄δὲν ἐκφαίνεται, τί ποτε ΄δὲν διακρίνε-
ται, τί ποτε ΄δὲν κινεῖται.

χκε΄. Μὴ λησμονῆται ὅτι πολλοὶ ἔνεκα
τοῦ ἔρωτά τους πρὸς τὸ ὑπέρλογο, κα-
τέληξαν ΄νὰ καταφρονήσουν παντελῶς

τὸ λογικό, καταπίπτοντας 'ς τὴν σκοτεινότερη ἀλογία.

χκς΄. Ἡ τροπὴ τῆς μονάδας εἰς σημεῖο, τῆς δυάδας εἰς γραμμή, τῆς τριάδας εἰς ἐπίπεδο καὶ τῆς τετράδας εἰς στερεὸ εἶναι ἡ συνεχής, ἀτελεύτητη κίνησι τῆς ψυχῆς καθὼς ἐξέρχεται ἀένα᾽ ἀπὸ τὸν ἑαυτό της.

χκζ΄. Ὁ συνεχὴς διαλογισμὸς τῶν πέντε μέγιστων πλατωνικῶν γενῶν -τοῦ ὄντος, τῆς κινήσεως, τῆς στάσεως, τοῦ ταυτοῦ καὶ τοῦ ἑτέρου- τῶν σχέσεών τους, καθὼς καὶ τῆς μεθέξεως τῶν εἰδῶν 'ς αὐτὰ καὶ ἀναμεταξύ τους, ἀνάγει κατ᾽ ὀλίγον τὴν ψυχὴ 'ς τὴν θεωρία τοῦ νοητοῦ κόσμου, ἐκφαίνοντάς της μία ζωὴ ἄπειρη, ἄχραντη καὶ ἀτελεύτητη, βαθύτερη καὶ ἀληθινώτερη τῆς ἰδικῆς της, παράδειγμα καὶ ἀρχὴ τῆς ζωῆς τοῦ αἰσθητοῦ κόσμου.

χκη΄. Στρωμνή, ἀφροδισιασμοί, θερμὰ λουτρά, οἰνοποσίες, κρέατα, γλυκύσματα -όλα τοῦτα εἶναι τῶν πολλῶν καὶ ἰδιωτῶν, ὄχι τῶν Πλατωνικῶν καὶ Πυθαγορείων φιλοσόφων.

χκθ΄. Ἀντιλαμβανόμαστε ὅτι ἔχει ἀνοιχθῆ καὶ θεωρεῖ τὸ θεῖο ὄμμα τῆς ψυχῆς, ὅταν ἀναγνωρίζεται τὸ ἄπειρο 'ς τὸ σημεῖο καὶ τὸ σημεῖο 'ς τὸ ἄπειρο.

χλ΄. Ἐπειδὴ φανερώνεται μυστικῶς ἐν ἀπεριγράφῳ τινὶ βιώματι, ἂς τολμήσουμε 'νὰ ὁμολογήσουμε ὅτι τὸ φανερωμένο ἐκεῖνο ἐντός μας 'δὲν εἶναι ἄλλο ἀπὸ τὸ ἴδιο τὸ αὐτοένα.

χλα΄. Καὶ ἄπειροι 'νὰ ἦναι οἱ πλανῆτες, καὶ ἄπειροι οἱ ἀστέρες, καὶ ἄπειροι οἱ γαλαξίες καὶ τὰ σύμπαντα, ὅλ' ἀνάγονται 'ς ἕνα ἀρχικὸ νοητὸ παράδειγμα, ἐμφαινόμενο ἐντὸς τῆς ψυχῆς μαθηματικῶς.

χλβ΄. Καίτοι ἕνεκα τῆς ἁπλότητάς του καλεῖται ἕνα, ἕνεκα δὲ τῆς ἐπιθυμητότητάς του ἀγαθό, ἡ φύσι του ἐκφράζεται ἀκριβέστερα ὅταν -καθ' ὁμολογίαν πρὸς τὸν μέγα Δαμάσκιο- προσαγορεύεται ἄῤῥητο καὶ οὐδὲ ἕνα.

χλγ΄. Εἶναι μία κίνησι αἰώνια καὶ συνεχὴς ἐκτὸς τοῦ νοῦ, ἡ ὁποία ἄλλοτε συγκλίνει πρὸς τὰ εἴδη καὶ ἀναγνωρίζεται ἀπ' αὐτόν, ἄλλοτε δὲ πάλι ἀποκλίνει καὶ 'δὲν ἀναγνωρίζεται.

χλδ΄. Κάθαρσι τῆς ψυχικῆς διάνοιας ὑπολαμβάνεται ἡ μετάστασί της ἀπὸ τὸ μέρος 'ς τὸ ὅλον, φωτισμός της δὲ ἡ ἀπὸ τὸ ὅλον 'ς τὸ ἁπλό.

χλε΄. Εἶναι παντελῶς ἀδύνατον 'νὰ ὁρισθῇ ἐκεῖνο τὸ ἄλλοθι καὶ ἄλλως 'ς τὸ ὁποῖο συναισθανόμαστε ὅτι μεταβαίνουμε ὁποτεδήποτε ἑνιζόμαστε.

χλϛ΄. Ἐφ' ὅσον τὰ πάντα ἐμφαίνονται ἐντὸς τῆς ψυχῆς, ἡ διάκρισι ἐσωτερικοῦ καὶ ἐξωτερικοῦ εἶναι μία ἀκόμη πλάνη τῆς ἀντιλήψεώς μας, ὀφειλόμενη 'ς τὴν ἄγνοια τῆς φύσεώς της.

χλζ΄. Ἡ μετάβασι ἀπὸ τὸ ἄλογο 'ς τὸ λογικὸ καὶ ἀπὸ τὸ λογικὸ 'ς τὸ ὑπέρλογο εἶναι ἡ κίνησι ἀπὸ τὸ ἄπειρο 'ς τὸν ἀριθμὸ καὶ ἀπὸ τὸν ἀριθμὸ 'ς τὴν μονάδα.

χλη΄. Τὸ ἄριστο θὰ ἦταν 'νὰ μὴ εἴχαμε κατέλθει ποτὲ 'ς αὐτὸν τὸν κόσμο, 'νὰ μὴ εἴχαμε συναφθῆ ποτὲ 'ς αὐτὸ τὸ σῶμα, 'νὰ μὴ εἴχαμε ἐγγίσει ποτὲ αὐτὴν τὴν ὑλικὴν ἀοριστία· ἀφ' οὗ ὅμως πάθαμε αὐτὸ τὸ κακὸ καὶ ἐνσαρκωθήκαμε, τὸ ἄριστο πλέον εἶναι 'νὰ φύγουμε ἀπὸ 'δῶ ὅσο τὸ δυνατὸν γρηγορώτερα, ἔχοντας ζήσει ὅσια, δίκαια καὶ ἀγνά, καθ' ὁμοίωσιν δηλαδὴ πρὸς τὸν θεό.

χλθ΄. Εἶναι ἄλλο ἡ ἀπειρία τῆς ψυχῆς καὶ ἄλλο τῆς ὕλης· διότι ἡ μὲν προσομοιάζει ἐκείνην μιᾶς ἀριθμητικῆς ἀκολουθίας ὅπως τῶν περιττῶν ἢ τῶν ἀρτίων ἀριθμῶν, ἐν ᾧ ἡ δὲ αὐτὴν τῶν δεκαδικῶν ἑνὸς ἀρρήτου.

χμ΄. Ὁποτεδήποτε ἑνιζόμαστε φαίνεται 'ν' ἀνταλλάσσουμε ἕναν στενό, ρηχὸ καὶ ἐφήμερο ἑαυτὸ μὲ' ἕναν ἄλλον βαθύ, αἰώνιο καὶ ἀληθινό.

χμα΄. Συνηγμένων εἰς ἕνα ὅλων τῶν σκεδασμένων ἐπιθυμιῶν τῆς ψυχῆς, ἡ ἀλογία τους τρέπεται 'ς ἔρωτα τοῦ ἀγαθοῦ, ἀπὸ δὲ προσκόμματα τῆς ἀναγωγῆς γίνονται πλέον ἡ ἀφορμὴ καὶ ἡ ἀπαρχή της.

χμβ΄. Ἐμφαίνεται ὡς πέρας καὶ ἄπειρο, διακριτὸ καὶ συνεχές, ἔσω καὶ ἔξω, μὴ ὄντας τί ποτε ἀπ' αὐτά.

χμγ΄. Ὁπόταν στρεφώμαστε ἐντός μας θεωροῦμε τὰ νοητά, ὁπόταν ἐκτός μας τὰ αἰσθητά, διατρίβοντας δὲ 'ς τὰ μαθηματικὰ στρεφόμαστε καὶ θεωροῦμε τόσο ἐντός μας ὅσο καὶ ἐκτός μας· ὥςτε οἱαδήποτε μαθηματικὴ ὑποτύπωσι τοῦ αἰσθητοῦ κόσμου εἶναι συνάμα ἐσωτερικὴ καὶ ἐξωτερική.

χμδ΄. Ἀδιακρισία, ἀδιαιρεσία, ἀχωρι-
στία, ἀμεριστία, ἀπληθυντία, ἀσκεδα-
στία -αὐτὸς εἶναι ὁ τρόπος τῆς ἑνοει-
δοῦς ὑπάρξεως ᾽ς τὸν ὁποῖον ἀποβλέ-
πουμε.

χμε΄. Ἡ ψυχὴ κινεῖται αἰώνια μεταξὺ
τοῦ ἀπείρου, τοῦ ἀριθμοῦ καὶ τῆς μο-
νάδας, ὄντας ἄπειρο τὸ ἄλογό της μέ-
ρος, ἀριθμὸς τὸ λογικό, μονάδα δὲ ἡ
ὑπέρλογη ἀκρότητά της.

χμϛ΄. Ἂς ἐνθυμούμαστε ὅτι ὅσο αὐξά-
νεται τὸ κάλλος -αἰσθητό, μαθηματικὸ
ἢ νοητό- τόσο αὐξάνεται καὶ ἡ ἱερότη-
τα.

χμζ΄. Ζοῦμε τούτη τὴν λυπηρὴ ἐνσώ-
ματη ζωὴ νομίζοντας ὅτι εἶναι ἡ μόνη
δυνατή, ἔχοντας ὅμως ἡσυχάσει καὶ
ἐνισθῆ μᾶς φανερώνεται μία ἄλλη εὐ-
ρύτερη, ἀληθινώτερη καὶ βαθύτερη ᾽ς
τὴν ὁποίαν κοινωνοῦμε καὶ μὲ᾽ τὴν ὁ-
ποίαν δυνάμεθα᾽ν᾽ ἀνταλλάξουμε τὴν
λυπηρὴ τούτη ἐνσώματη ζωή μας.

χμη΄. Ὡς μὲν δύναμι τὸ ἄπειρο εἶναι ἐκδήλωσι τοῦ πρώτου, ὑπεράρρήτου θεοῦ, ὡς δὲ πλῆθος ἀπόπτωσι καὶ ἀπομάκρυνσί του.

χμθ΄. Ὅσο περικαλλὴς καὶ ἂν ἦναι ὁ κόσμος τῶν αἰσθητῶν, ὅσο περικαλλέστερος τῶν μαθηματικῶν, ὅσο δὲ περικαλλέστατος τῶν νοητῶν, μὴ λησμονῆται ὅτι καὶ οἱ τρεῖς ᾿δὲν εἶναι ἄλλο ἀπὸ ὑφέσεις, ἀποπτώσεις καὶ ὑποβάσεις τῆς ἀρχικῆς ὑπέρκαλης ἑνότητας.

χν΄. Καίτοι ᾿δὲν ἁμαρτάνουμε δογματίζοντας ἕνα ἀμέθεκτο ἕνα καὶ ἕνα μεθεκτό, τοῦτο τὸ δόγμα ᾿δὲν εἶναι τί ποτε ἄλλο παρὰ ἡ ἀποτυχημένη προσπάθεια τῆς διάνοιάς μας ᾿νὰ διανοηθῆ τὸ ἀδιανόητο.

χνα΄. Χρειάζεται ἐὰν μέλλουμε ᾿ν᾿ ἀνέλθουμε᾿ς τὸ πρῶτο καὶ τιμιώτατο, ὄχι ᾿νὰ κενώσουμε, ὅπως συνήθως λέγεται, τὸν ἑαυτό μας, ἀλλὰ ᾿νὰ κενωθοῦμε ἀπὸ ἑαυτό.

χνβ΄. Ἡ ψυχὴ εἶναι μονάδα προποδί-
ζουσα 'ς τὸ ἄπειρο.

χνγ΄. Διακρίνουμε τὴν τάξι, τὴν ἁρμο-
νία καὶ τὴν συμμετρία τοῦ αἰσθητοῦ
κόσμου, μόνο καὶ μόνο ἐπειδὴ ἔχουμε
ἤδη βιώσει τὴν τάξι, τὴν ἁρμονία καὶ
τὴν συμμετρία τοῦ νοητοῦ, τὴν ὁποίαν
καὶ ἀναμιμνησκόμαστε.

χνδ΄. Ἐπειδὴ κατ᾽ ἐμᾶς τοὺς Πλατωνι-
κοὺς τὸ κάλλος εἶναι ἡ ἔλλαμψι τοῦ
νοητοῦ εἴδους ἐντὸς τοῦ αἰσθητοῦ, ἐὰν
μὴ φιλοκαλοῦμε, οὐδέποτε θ᾽ ἀξιω-
θοῦμε 'ν᾽ ἀτενίσουμε τὰ ὄντως ὄντα.

χνε΄. Ὡς τριάδα ἡ ψυχὴ ἔχει ἀρχή, μέ-
ση καὶ τέλος, ὄντας ἀρχή της ἡ θεία
της μονάδα, μέσο ὅ,τι καλεῖται συνει-
δός, τέλος δὲ τὰ κατώτατα σωματικὰ
ἔργα, ὅπως ἡ κυκλοφορία τοῦ αἵμα-
τος, ἡ πέψι ἢ ἡ ἔκκρισι τῆς χολῆς· ὥσ-
τ᾽ ἐπεκτείνεται ἀπὸ τὴν ἄκραν ἑνότητα

ἕως τὸν χῶρο καὶ τὸν χρόνο, τὴν διαί-
ρεσι, τὸ πλῆθος καὶ τὸν ἄπειρο σκεδα-
σμό.

χνς΄. Τὰ πάντα ἐμφαίνονται ἐντὸς τοῦ
ἑνός, ὅπως τὰ ὄντως ὄντα ἐντὸς τῆς
ἀλήθειας καὶ τὰ γενητὰ ἐντὸς τοῦ φω-
τός.

χνζ΄. Πρὸς τὸ λαμπρότατο καὶ σφαι-
ροειδὲς σῶμα τῶν θείων ἀστέρων, ἀ-
κόμη καὶ τὸ κάλλιστο ἀνθρώπινο φαν-
τάζει ἄχαρο, δύσμορφο καὶ αἰσχρό.

χνη΄. Μεταβαίνοντας ἡ ψυχὴ διὰ τοῦ
ἡσυχασμοῦ καὶ τοῦ ἐνισμοῦ ἀπὸ τὴν
σωματότητα τοῦ αἰσθητοῦ 'ς τὴν ἀσω-
μασία τοῦ νοητοῦ, συναισθάνεται 'νὰ
ἐπιστρέφῃ ἀπὸ ἕναν ἀνοίκειο, ἐχθρικὸ
τόπο 'ς ἕναν οἰκεῖο καὶ φιλικό, ἐπα-
νευρίσκοντας τὸν ἀρχαῖο γεννήτορά
της καὶ τὴν ὑπερουράνιά της πατρίδα.

χνθ΄. Ἀληθὴς θέα εἶναι μόνον τοῦ ὅ-
λου ἀπὸ τὸ ὅλον· τοῦ δὲ ὅλου ἀπὸ τὸ

μέρος ἢ τοῦ μέρους ἀπὸ τὸ μέρος μία οἰονεὶ ἀπόπτωσι ἀπὸ τὴν θέα, μία σκίασι, μία θάμβωσι τῶν ὀφθαλμῶν.

χξ΄. Τὸ ἄκρον ἄωτον τῆς ζωῆς τῆς ψυχῆς, ἡ ἐμβίωσι τῆς ἑνώσεως, ᾿δὲν εἶναι ἐνέργεια, ἀλλὰ πάθος.

χξα΄. Ὅπως ἡ πρώτη νόησι εἶναι μιᾶς ἄπειρης καὶ ἀσύλληπτης ἑνότητας, ὁμοίως καὶ ἡ πρώτη αἴσθησι· ἡ δὲ διάκρισι τόσο τῶν νοητῶν ὅσο καὶ τῶν αἰσθητῶν ἕπεται πάντοτε τῆς νοήσεώς τους.

χξβ΄. Καίτοι ἡ ψυχὴ εἶναι ὁ τόπος τῶν ἀριθμῶν, τῶν εἰδῶν καὶ τῶν λόγων, ἀμφότερα τὰ ἄκρα της ἐμβαπτίζονται ᾿ς τὴν ἀλογία, τὴν ἀείδεια καὶ τὴν ἀναριθμησία.

χξγ΄. Εἶναι ἀξιοθαύμαστο ὅτι δυνάμεθα ᾿νὰ ἑνωθοῦμε πρὸς τὰ πάντα ἀκολουθῶντας δύο ἐνάντιες ἀτραπούς, τὴν μία παύοντας ᾿νὰ διακρίνουμε τὸν ἑαυτό μας ἀπὸ τὰ πάντα, τὴν ἄλλην διακρίνοντάς τον ὁλοτελῶς ἀπὸ τὰ πάντα, μένοντας καὶ ἡσυχάζοντας μόνο ’ς τὴν ἐσωτερικὴ μας ἑνότητα, ’ς τὴν ὁποία μετέχουμε τόσο συναισθητὰ ὅσο καὶ ἀσυναίσθητα.

χξδ΄. Ἕως καὶ τὸ ἀπειράκις ἄπειρο μετέχει κάπως τοῦ ἑνός, καθ’ ὅσον νοεῖται ὡς ὅλον ὅλων καὶ τρόπον τινὰ ὁρίζεται.

χξε΄. Μόνον ἐὰν ἡ ψυχὴ ἔχῃ ἐθισθῆ ’νὰ ὑπολαμβάνῃ τὸ σῶμα ὡς ἕνα ἀκόμη ἀπὸ τὰ αἰσθητὰ φροντίζοντάς το ὅπως θὰ φρόντιζε ἕνα ζῷο, ὅταν ἔλθῃ ἡ ὥρα ’νὰ τὸ ἀφήσῃ θὰ τὸ ἀφήσῃ πρόθυμα καὶ ἀγόγγυστα, ἐπανευρίσκοντας τὸν πρῶτο της, ἀσώματο ἑαυτό.

χξς΄. Ἀπαντημένο ὡς μηδὲν ἐκφαίνεται ὡς τὰ πάντα, ἀπαντημένο ὡς τὰ πάντα ἐκφαίνεται ὡς μηδέν, εἶναι δὲ συνάμα καὶ μηδὲν καὶ τὰ πάντα, καὶ ἐπέκεινα πάντων καὶ τί ποτε.

χξζ΄. Κατὰ τὴν πλήρη παράδοσι τῆς ψυχῆς οὔτε πέρατα εἶναι πλέον οὔτε ὅρια οὔτε δεσμά, ἀλλ᾽ ἡ τέλεια λύσι ἀπὸ τὸ σῶμα καὶ τὶς ἀκάθαρτες προςγενέσεις τῆς ἐνσαρκώσεως.

χξη΄. Ἐπειδὴ εἶναι ἀσυναισθήτως συναισθητὸ καὶ ἀναντιλήπτως ἀντιληπτὸ καὶ ἀνεπιστήτως ἐπιστητό, ὅποιος διατείνεται ὅτι τὸ ἔχει συναισθανθῆ ᾽δὲν τὸ ἔχει συναισθανθῆ καὶ ὅποιος ὅτι τὸ ἔχει ἀντιληφθῆ ᾽δὲν τὸ ἔχει ἀντιληφθῆ καὶ ὅποιος ὅτι τὸ ἔχει γνωρίσει ᾽δὲν τὸ ἔχει γνωρίσει.

χξθ΄. Ὅρος τοῦ ἐνισμοῦ τῆς ψυχῆς εἶναι τὸ ᾽νὰ ἔχῃ γίνει πρῶτα (ἔχοντας ἀπαλλαγῆ ἀπὸ κάθε τι αἰσθητό, φανταστὸ καὶ διανοητό) καθαρὸς νοῦς.

χο΄. Εἶναι ἀνάγκη ᾽νὰ ἐπανευρεθῆ ἡ ἱερότητα τῶν μαθηματικῶν -ἡ θειότητα τῶν ἀριθμῶν, ἡ ἁγιότητα τῶν λόγων, ἡ ὁσιότητα τῶν σχημάτων- ὥστε ᾽νὰ ἐπανεκφανῆ ἡ ἀληθινή, ἀρχαία τους φύσι, ἐκείνη τῆς σεβάσμιας κλίμακας τῆς ἀνάγουσας 'ς τὸν θεό.

χοα΄. Ὄντας πλήρως ἀχώριστο ἀπὸ 'μᾶς, ἀναφαίνεται μόνον ὅταν ἐμεῖς ἔχουμ' ἐκλείψει.

χοβ΄. Ἐπειδὴ ἡ ψυχὴ τείνει ἐκ φύσεως κατὰ τὸ ἕνα της μέρος 'ς τὸ ἄπειρο καὶ κατὰ τὸ ἄλλο 'ς τὴν μονάδα, διὰ τῆς πυθαγορικῆς καὶ πλατωνικῆς βιοτῆς ἡ πρώτη τάσι της ἐξασθενεῖ, ἡ δὲ δεύτερη ἐνδυναμώνεται.

χογ΄. Ἡ ἐρημία, ἡ ἡσυχία καὶ ἡ σιωπή συγκροτοῦν τὸν ἱερὸν ἐκεῖνον τόπο ἐντὸς τοῦ ὁποίου ἐμφαίνεται ἡ θεότητα.

χοδ΄. Ἐὰν μὴ ἦταν τὸ ἕνα, οὔτε ἕνα ἄπειρο διακριτῶν θὰ ὑπῆρχε (διότι ἡ διάκρισι 'δὲν εἶναι ἄλλο ἀπὸ ὁριοθέτησι, τὸ δὲ ὅριο εἶναι τὸ ἴχνος τοῦ ἑνός) οὔτε συνεχές (διότι τὸ συνεχὲς εἶναι ἑνιαῖο, ἄρα μετέχει τοῦ ἑνός)· ὥςτε ἂν μὴ ἦταν τὸ ἕνα, θὰ ὑπῆρχε ἕνα ἄπειρο συνεχὲς ἀσυνεχὲς καὶ διακριτὸ ἀδιάκριτο.

χοε΄. Τὰ γενητὰ μιμοῦνται κατὰ τὸ δυνατὸν τὰ ὄντως ὄντα διὰ τῆς ἀφανοῦς μαθηματικῆς τους συμμετρίας.

χος΄. Ἐπειδὴ ἡ ἀρχικὴ ἑνότητα, καίτοι προαιωνίως ἀμέριστη, ἐμφαίνεται 'ς τὴν ψυχὴ μεμερισμένη ὡς κόσμος αἰσθητός, ὅ,τι ἐμφαίνεται τελικῶς εἶναι ὁ ἴδιος ὁ ψυχικὸς μερισμός, ἡ δὲ θέασι τοῦ αἰσθητοῦ κόσμου ἀπὸ τὴν ψυχὴ ὄχι ἄλλο ἀπὸ τὴν θέασι τοῦ ἴδιου τοῦ μερισμοῦ της.

χοζ΄. Ὅ,τι διακρίνεται, ἀποπίπτει εὐθὺς ἀπὸ τὴν ἑνότητα, ὅ,τι δὲ μή, μένει ἐντός της.

χοη΄. Ἡ ψυχὴ ἐπανευρίσκει πάραυτα τὴν ἀπάθεια καὶ τὴν ἀναμαρτησία της κατὰ τὴν ὑπαναχώρησί της ἀπὸ τὸ σῶμα, διότι προσλαμβάνει τὰ πάθη καὶ τὴν ἁμαρτία μόνο μετὰ τὴν ἐπαφή της μὲ· τὸν κόσμο τῶν αἰσθητῶν, ὄντας ἀναμάρτητη κατὰ τὴν ἀσώματη ζωή της.

χοθ΄. Ὅπως ἀφαιρῶντας πρῶτα τὸ βάθος, ἔπειτα τὸ πλάτος καὶ τελικῶς τὸ μῆκος ἐρχόμαστε 'ς τὴν ἀδιαστασία τοῦ σημείου, ὁμοίως ἀφαιρῶντας πρῶτα τὴν αἴσθησι, ἔπειτα τὴν φαντασία καὶ τελικῶς τὴν νόησι ἀναγόμαστε 'ς τὴν ἀνέκφραστη ἁπλότητα τῆς πρώτης ἀρχῆς.

χπ΄. Ἐὰν τὸ ἀγαθὸ ἦναι ἡ μονάδα καὶ ὁ νοῦς ἡ δυάδα, τότε τὸ ὂν ὡς ὕστερο τοῦ ἀγαθοῦ καὶ πρότερο τοῦ νοῦ οὔτε μονάδα θὰ ἦναι πλέον, ἀλλ᾽ οὔτε ἀκόμη δυάδα.

χπα΄. Ἡ ψυχή, ὡς φύσι μαθηματική, ζωογονεῖ ὅ,τι τὴν πλησιάζει διατάσσοντάς το κατὰ λόγον καὶ ἀριθμόν.

χπβ΄. Ὅπως εἶναι ἀδύνατον 'νὰ διακριθοῦν τὰ ὅρια τῶν ῥυάκων ἀπὸ τῶν ῥευμάτων, τῶν ῥευμάτων ἀπὸ τῶν ποταμῶν καὶ τῶν ποταμῶν ἀπὸ τῶν θαλασσῶν, ὁμοίως καὶ τῶν τριῶν θεϊκῶν ὑποστάσεων -τῆς ψυχῆς, τοῦ νοῦ καὶ τοῦ ἑνός- τῆς μιᾶς εἰςρεούσης ἀενάως ἐντὸς τῆς ἄλλης.

χπγ΄. Ἡ ἀρχαία, ἀληθινὴ κατάστασι τῆς ψυχῆς εἶναι ἡ νοητικὴ ἐκείνη μακαριότητα τὴν ὁποίαν προαισθανόμαστε ἀπὸ τούτην ἐδῶ τὴν ζωὴ κατὰ τὴν τέλειαν ἡσυχία.

χπδ΄. Καίτοι φαντάζει ἀνύπαρκτο, εἶναι ἡ πηγὴ τῆς ὑπάρξεως, καίτοι ἀνούσιο, ἡ πηγὴ τῆς οὐσίας, καίτοι ἄζωο, ἡ πηγὴ τῆς ζωῆς, καίτοι ἄνοο, ἡ πηγὴ τοῦ νοῦ, καίτοι ἀναίσθητο, ἡ πηγὴ τῆς αἰσθήσεως, καίτοι κενό, ὑπέρμεστο καὶ ὑπερπλῆρες, καίτοι ἔρημο πάντων, πηγὴ καὶ ἀρχὴ τῶν πάντων καὶ πρῶτος θεός.

χπε΄. Σκοπὸς τῆς πλατωνικῆς ἀσκήσεως 'δὲν εἶναι 'νὰ βασανισθῇ ἢ 'νὰ ταπεινωθῇ τὸ σῶμα, ἀλλὰ 'νὰ ἐθισθῇ 'νὰ ζῇ ὁ φιλόσοφος ὡς καθαρή, ἀσώματη ψυχή, ὅσο εἶναι δυνατὸν κατὰ τὴν ἐγκόσμια ζωή του.

χπς΄. Ἡ διαλεκτικὴ ἀναγωγὴ ἀπὸ τὰ πολλὰ 'ς τὸ ἕνα, καίτοι ἀρχόμενη ὡς ἐνέργεια διανοητικὴ καὶ λογική, κατάληγει πάντοτε νοητικὴ καὶ ἐκστατική.

χπζ΄. Διὰ τῆς ἄπειρης εὐθείας ἐνεικονίζεται ἀμυδρῶς ἡ πρώτη φανέρωσι τῆς πρώτης ἀρχῆς, διὰ τοῦ ἄπειρου δὲ πλήθους ἄπειρων εὐθειῶν ἡ ἐσχάτη.

χπη΄. Ὁ μερισμὸς τῆς ἐνιαίας νοερῆς οὐσίας τὴν ὁποίαν ἀποκαλοῦμε ψυχὴ 'δὲν εἶναι ἄλλο ἀπὸ τὴν ἑκάστοτε ἔκφανσι τοῦ πλήθους τῶν δυνάμεών της, κατὰ τὴν ἐπιτηδειότητα τῶν σωμάτων τὰ ὁποῖα τὴν προςεγγίζουν.

χπθ΄. Ὅσο ἐμεῖς ἐκλείπουμε, ἐκεῖνο ἀναφαίνεται καὶ ὅσο ἐμεῖς φθίνουμε, ἐ-

κεῖνο αὐξάνεται καὶ ὅσο ἐμεῖς σκοτι-
ζόμαστε, ἐκεῖνο ἐλλάμπει· ὥςτε μόνον
ἂν ἤμαστε διατεθειμένοι ’ν’ αὐτοθυσι-
ασθοῦμε θὰ μᾶς φανερωθῇ.

χʹ. Μὴ διαλανθάνῃ ὅτι εἴμαστε ἁπλῶς
μεριστὲς ψυχές, μικρότατα μόρια ἑνὸς
ὅλου τὸ ὁποῖο μᾶς ὑπερβαίνει καὶ ὅτι
ὁ αἰσθητὸς κόσμος πέριξ μας οὔτε
γεννήθηκε οὔτε ἁρμόσθηκε ἀπὸ ’μᾶς,
ἀλλ’ ἀπὸ τὴν ὑψηλότερη καὶ πρεσβύτε-
ρή μας ψυχὴ τοῦ παντός.

χʹα. Ὁτιδήποτε ἐξέρχεται ἀπὸ τὸν ἑ-
αυτό του νεύοντας πρὸς κἄτι ἄλλο ἀ-
ποπίπτει εὐθὺς ἀπὸ τὴν ἑνότητα, προσ-
λαμβάνοντας ἐντός του τὴν σκοτεινό-
τητα τῆς ἀοριστίας καὶ τὴν ἀχάνεια
τοῦ ἀπείρου.

χʹβ. Ἡ ἔνωσι τῶν σωμάτων εἶναι μία
ἀμυδρὴ εἰκόνα τῆς ἑνώσεως τῶν ψυ-
χῶν, ἡ δὲ ἔνωσι τῶν ψυχῶν τῆς ἑνώ-
σεως τῶν νόων.

χϟγ. Καίτοι οὔτε ἕνα εἶναι οὔτε ἀγαθὸ οὔτε ἀρχὴ οὔτε θεός, τὸ προσαγορεύουμε ἕνα ἐπειδὴ εἶναι ὅ,τι ἁπλούστατο εἶναι δυνατὸν 'νὰ ἐννοηθῇ, ἀγαθὸ ἐπειδὴ ποθεῖται αἰωνίως ἀπὸ τὰ πάντα, ἀρχὴ ἐπειδὴ 'δὲν εἶναι τί ποτε ἄλλο πρότερό του, θεὸ δὲ ἕνεκα τοῦ θαυμασμοῦ τὸν ὁποῖον ἀδιαλείπτως μᾶς ἐμπνέει.

χϟδ. Ὅπως 'δὲν εἶναι ἐπιστήμη τοῦ ἀδιάστατου σημείου καὶ τῆς μονάδας, ὁμοίως 'δὲν εἶναι καὶ τῆς πρώτης ἀρχῆς.

χϟε΄. Ἐστραμμένη ἡ ψυχὴ ἐπὶ μακρὸν 'ς ἕνα σημεῖο -αἰσθητό, μαθηματικὸ ἢ νοητό- ἀντιλαμβάνεται αἰφνιδίως ὅτι ἔχει στραφῇ καὶ μεταβῇ ἐντὸς τοῦ ἀπείρου, ἀγνοῶντας παντελῶς τὸ πότε καὶ τὸ πῶς τῆς μεταβάσεως.

χϟϛ΄. Ὅ,τι καὶ ἂν δογματίζουμε κατὰ τὴν λυπηρὴ ἐνσώματη ζωή μας τὸ ἐγκαταλείπουμε ὅταν μέλλουμε 'ν' ἀνέλ-

θουμε 'ς τὸ πρῶτο καὶ τιμιώτατο, πο-
ρευόμενοι πλέον μόνοι, ἔρημοι καὶ γυ-
μνοί.

χϟϚ΄. Ἡ ψυχὴ εἶναι ἀπλήθυντη συνάμα
καὶ πληθυντή, ὄντας ἀπλήθυντη ἀκόμη
καὶ πεπληθυσμένη· καὶ τὸ μὲν ἀπλή-
θυντο εἶναι τὸ θεῖο καὶ αἰώνιο ἐντός
της, τὸ δὲ πληθυντὸ τὸ ἀνθρώπινο καὶ
παροδικό.

χϟη΄. Εἶναι ἐκεῖνο ἐντὸς τοῦ ὁποίου
τὰ πάντα ἐμφαίνονται, μὴ ὄντας κάνέ-
να ἀπὸ αὐτά.

χϟθ΄. Ὅπως ὑπολαμβάνεται ἀρχὴ τοῦ
ὄντος ἡ ὑπερούσια ὑπεράναρχη μονά-
δα, ὁμοίως καὶ ἀρχὴ τοῦ μερισμοῦ του
οἱ ὑπεράχραντοι εἰδητικοὶ ἀριθμοί, ὑ-
πέρνοες καὶ ὑπέρζωες ἑνάδες καὶ θεοὶ
ἀληθινοί.

ψ΄. Ἡ διάνοια ἐξίσταται ἀπὸ τὸν ἑαυ-
τό της γινόμενη νοῦς ὅταν, ἔχοντας ἐ-
πὶ μακρὸν προσπαθήσει 'νὰ διανοηθῇ

τὴν ἀδιανόητη πλήθυνσι τοῦ ἑνός, ἐξ-
αίφνης καὶ ἀδιανοήτως τὴν συλλαμ-
βάνῃ.

ψα΄. Οὔτε κακία ἐγκατοικεῖ 'ς τὸν ἱε-
ρὸ μαθηματικὸ τόπο, οὔτε ψεῦδος οὔ-
τε πάθος οὔτε ὁρμὴ σωματική, ἀλλὰ
μόνον ἀλήθεια, κάλλος καὶ ἀρετή, ἀ-
νάτασι τῆς ψυχῆς καὶ νοητικοὶ ἐνθου-
σιασμοί.

ψβ΄. Ἡσυχία εἶναι ἡ στάσι ἐκείνη τῆς
ψυχῆς κατὰ τὴν ὁποίαν τὰ δύο ἄκρα
της, τὸ ἕνα καὶ τὸ ἄπειρο, συναντῶν-
ται.

ψγ΄. Ἡ ἀριθμητικὴ ἀνέρχεται ἕως τὸν
νοῦ ἐγγίζοντάς τον διὰ τῆς ἀκρότητάς
της, ἡ γεωμετρία μεταχειριζόμενη τὴν
φαντασία κατέρχεται ἕως τὴν αἴσθησι,
ἡ δὲ ἁρμονικὴ κεῖται ἀναμεταξύ τους.

ψδ΄. Ὅσες ψυχὲς ἔζησαν ἀνθρώπινες
ζωὲς μὴ προσπαθῶντας 'νὰ ἐξομοιω-
θοῦν πρὸς τὸν θεό, εὔλογ' ἀναλαμβά-

νουν μετὰ θάνατον σώματα ζῴων ἢ φυτῶν, ὅσες προσπάθησαν ἀλλ᾽ ἀπέτυχαν, σώματ᾽ ἀνθρώπων, ὅσες δ᾽ ἐπέτυχαν, ἀστρικά, ἤγουν οὐράνια καὶ φωτεινά.

ψε΄. Ὅ,τι καλοῦμε σήμερα μηδέν, φαίνεται ᾽νὰ ἐκφράζῃ καλύτερα ὅ,τι ἐνίοτε οἱ ἀρχαῖοι Πλατωνικοὶ καλοῦσαν ἕνα.

ψϛ΄. Ἐκλαμβάνουμε τὰ μαθηματικὰ καὶ τὴν διαλεκτικὴ ὡς ὁδοὺς ἀποκαθάρσεως τῆς ψυχῆς, οἱ ὁποῖες, ἀπομακρύνοντας ἀπ᾽ αὐτὴν πᾶσα προσθήκη καὶ μερικότητα τῆς γενέσεως, τὴν ἀποκαθιστοῦν ᾽ς τὴν καθολικότητα καὶ καθαρότητα τῆς οὐσίας.

ψζ΄. Τὸ μέτρο, ἡ τάξι καὶ ἡ ἁρμονία γεννῶνται ὡς ἴχνη καὶ εἰκόνες τοῦ ὑπερουσίου ἑνός, ἡ δὲ ἀμετρία, ἡ ἀταξία καὶ ἡ ἀναρμοστία ἀπὸ τὴν ἀδυναμία τῆς ὕλης ᾽νὰ ὑποδεχθῇ τὴν ἀπειρία τῆς δυνάμεώς του.

ψη΄. Ὅταν ὁ νοῦς ἐξέρχεται ἀπὸ τὸν ἑαυτό του ὑφιστᾷ τὸν τόπο τῶν μαθηματικῶν, ὅταν ἡ ψυχὴ τὸν τόπο τῶν αἰσθητῶν.

ψθ΄. Μόνον ὅταν ἀφαιρεθῇ ἕως καὶ ἡ αὐτοσυναισθησία καὶ περατωθῇ ἡ ἀφαίρεσι τῶν πάντων ἀπὸ τὴν ψυχή, καθίσταται τέλειος ὁ ἑνισμός της.

ψι΄. Ὁποτεδήποτε ἀπολλύουμε τὴν δυνατότητα τῆς διακρίσεως εἴτ᾽ ἐκπίπτουμε παρευθὺς ἀπὸ τὸν νοῦ ᾽ς τὴν αἴσθησι ἡ ὁποία οὐδέποτε διακρίνει, εἴτε τὸν ὑπερβαίνουμε διὰ μιᾶς, ἀνερχόμενοι ἕως τὴν ἀδιάκριτην ἑνότητα.

ψια΄. Τὸ ἐντός μας ἕνα φαίνεται ᾽νὰ ἦναι τὸ σημεῖο ἐκεῖνο ᾽ς τὸ ὁποῖο ψυχὴ καὶ αὐτοένα τρόπον τινὰ συγκλίνουν καὶ ἐγγίζονται.

ψιβ΄. Δογματίζοντας ὅτι εἴμαστε ἕνα ἀπὸ τὰ ζῷα τῆς γῆς ἔχοντας ὅμως καὶ ἕνα αἰώνιο θεῖο μόριο ἐντός μας, ὑ-

πάρχουμε ὡς μεσότητα δύο ἀκροτή-
των, τῆς μονοθεϊστικῆς ἀλαζονίας κα-
τὰ τὴν ὁποίαν τὰ πάντα εἶναι δημιουρ-
γημένα διὰ τὸν ἄνθρωπο, καὶ τῆς ὑλι-
στικῆς -ἀνομολόγητης ἀλλ᾽ ὑπονοού-
μενης- μωρολογίας κατὰ τὴν ὁποίαν ἡ
ἀνθρώπινη ζωὴ οὐδαμῶς διαφέρει
κατὰ τὴν ἀξία ἀπὸ τοῦ φυτοῦ, τοῦ μύ-
κητα ἢ τοῦ ἐντόμου.

ψιγ΄. Ὁ προποδισμὸς τῆς ψυχῆς ἀπὸ
τὸ ἕνα ᾽ς τὸ ἄπειρο καὶ ὁ ἀναποδισμός
της ἀπὸ τὸ ἄπειρο ᾽ς τὸ ἕνα, ἂν καὶ κι-
νήσεις κατ᾽ ἔμφασιν ἐνάντιες καὶ χω-
ριστές, εἶναι μία καὶ ἡ αὐτή.

ψιζ΄. Διάνοια εἶναι ἡ περιφορὰ μιᾶς ἑ-
νάδας περὶ μίαν ἄλλην, νόησι δὲ ἡ ἐ-
παφή τους.

ψιε΄. Χρειάζεται ᾽νὰ κατανοηθῇ ὅτι ἡ
ψυχὴ οὔτε λεπτὸ σῶμα εἶναι οὔτε σω-
ματικὸ εἶδος οὔτε πρόσωπο, ἀλλ᾽ ἐκεί-
νη ἡ ἄυλη ἀρχὴ ζωῆς ἡ ὁποία προβάλ-
λει αἰώνια παντοδαποὺς βίους ἐπάνω

'ς τὴν ὕλη.

ψις΄. Κάθε σημεῖο καὶ μονάδα ὡς εἰκόνα καὶ ἴχνος τοῦ ἑνὸς εἶναι δυνατὸν 'νὰ χρησιμεύσῃ ὡς ἀναβαθμὸς κατὰ τὴν πρὸς αὐτὸ φιλοσοφικὴ ἀναγωγή μας.

ψιδ΄. Ἐὰν ἔχουμε ἀνεύρει τὸ θεῖο ἐντός μας καὶ ζοῦμε κατ᾽ αὐτό, ζοῦμε ἤδη τὴν αἰώνια ζωὴ τοῦ θεοῦ.

ψιη΄. Ἐπειδὴ ὁ αἰσθητὸς κόσμος ἔχει προτυπωθῆ μαθηματικὰ καὶ νοητά, ἡ μαθηματικὴ καὶ νοητὴ αὐτὴ προτύπωσι ἀναγνωρίζεται ἀπὸ τὴν ψυχή, ἔχοντας συμβῆ πρῶτα ἐντός της.

ψιθ΄. Ἂς ὑπολαμβάνουμε εἰκόνα τῆς μονάδας ὄχι μόνο τὸ σημεῖο, ἀλλὰ καὶ τὸν κύκλο καὶ τὴν σφαῖρα, ἀφ᾽ οὗ ἂν καὶ ἐκτεταμένα, ἐκτείνονται ὁμαλὰ πρὸς πᾶσα διεύθυνσι, ὁ μὲν 'ς τὸ ἐπίπεδο, ἡ δὲ 'ς τὸν χῶρο, τηρῶντας διηνεκῶς ὅλα τους τὰ σημεῖα ἴσην ἀπό-

στασι ἀπὸ τὸ κέντρο· ἂς ἐνθυμούμα-
στε δὲ ὅτι καὶ ἐμεῖς ἐξομοιωνόμαστε
πρὸς τὸ ἕνα καὶ τὴν μονάδα, ὅταν διὰ
τῆς φιλοσοφίας καθιστοῦμε τὴν ψυχή
μας κυκλοειδῆ καὶ σφαιροειδῆ.

ψκ΄. Τὸ ἄπειρο γεννᾶται ἀπὸ τὴν ὑ-
περχείλισι τοῦ ἑνός, ὁρίζεται δὲ ὡς ἡ
δύναμί του.

ψκα΄. Ἡ κοινωνία τῆς ψυχῆς καὶ τοῦ
σώματος φαίνεται ᾿νὰ μὴ ἦναι τί ποτε
ἄλλο εἰ μὴ ἡ ἀναμεταξύ τους συντονία
καὶ ἁρμονία.

ψκβ΄. Μόνον ἐντὸς τῆς τέλειας ἀπρος-
ωπίας, ἔχοντας ἐγκαταλείψει παντε-
λῶς τὸν ἐνσώματο, πεπερασμένο ἑαυ-
τό μας, ἐπανευρίσκουμε τὴν ἀρχική
μας ὁλότητα, πληρότητα καὶ εὐδαιμο-
νία.

ψκγ΄. Πᾶσα ψυχικὴ ἔκφανσι εἶναι δυ-
νατὸν ᾿νὰ ἐκφρασθῇ μαθηματικῶς,
πᾶσα δὲ μαθηματικὴ ἔκφρασι ᾿νὰ ἐκ-

φανῇ ψυχικῶς.

ψκδ΄. Ἐρχόμαστε ἀπὸ τὸ ἀδιάκριτο καὶ ἀδιαίρετο, γεννιόμαστε ἀπὸ τὴν διαίρεσι καὶ τὴν διάκρισι, εἴμαστε διακρίσεις καὶ διαιρέσεις, συνάμα δέ (ἔστω καὶ κατὰ τὸ ἕνα μόνον ἄκρο μας) ἀδιάκριτοι καὶ ἀδιαίρετοι.

ψκε΄. Ὁ ἐνισμὸς εἶναι ἡ κατ᾽ ἐξοχὴν ἐρωτικὴ ἐνέργεια τῆς ψυχῆς.

ψκς΄. Τὸ φανερωμένο ἐντὸς τοῦ σημείου ἄπειρο, ὡς ὡρισμένο τρόπον τινὰ ἀπ᾽ αὐτό, οὐδέποτε ἐκφαίνεται ὡς πλῆθος, ἀλλὰ πάντοτε ἑνιαῖο.

ψκζ΄. Ὁποτεδήποτε θεώμενη τὸ κάλλος -αἰσθητὸ ἢ νοητό- ἡ ἀποκαθαρμένη ψυχὴ διαπιστώνει ὅτι ἀδυνατεῖ ᾽νὰ ἑνωθῇ πρὸς αὐτό, εὐθὺς συναισθάνεται τὸν δεσμὸ τοῦ σώματός της ὡς βάρος, ἕνεκα τῆς ὑλικῆς του παχύτητας πρὸς τὴν ὁποίαν ἔχει συναφθῇ.

ψκη΄. Τὸ ἕνα εἶναι δυνατὸν ᾽νὰ παρα-
βληθῇ πρὸς τὸ σημεῖο, ὁ νοῦς πρὸς
τὸν κύκλο, ἡ δὲ ψυχὴ πρὸς τὴν καμπύ-
λη τῆς ὑπερβολῆς, καθὼς ἀνοίγεται
διάπλατα ᾽ς τὸ ἄπειρο.

ψκθ΄. Διττῶς ἐμφαίνεται ἐντός μας ἡ
ἑνότητα, τόσο ὡς αἰώνια οὐσία, ἀμε-
τάβλητη καὶ νοητή, ὅσο καὶ ὡς ἐφήμε-
ρη γένεσι, μεταβλητὴ καὶ αἰσθητή.

ψλ΄. Ἐν ὅσῳ ἡ ψυχὴ μένει ᾽ς τὸν ἑαυ-
τό της, ἡ μονάδα εἶναι μονάδα, ἡ δυά-
δα δυάδα, ἡ τριάδα τριάδα, ἡ τετράδα
τετράδα, τὸ σημεῖο ἀγράμμωτο, ἡ
γραμμὴ ἀνεπιπέδωτη καὶ τὸ ἐπίπεδο
ἀβύθυντο.

ψλα΄. Διὰ τῶν αἰσθήσεων ἀντιλαμβα-
νόμαστε τὸ ἕνα ὡς πολλά, διὰ τῆς διά-
νοιας κατανοοῦμε πῶς τὰ πολλὰ προ-
κύπτουν ἀπὸ τὸ ἕνα, διὰ δὲ τοῦ νοῦ
θεωροῦμε τὸ ἕνα ἐπέκεινα τῶν πολ-
λῶν.

ψλβ΄. Τετρακτὺς ὑπολαμβάνεται τὸ σύνολο τῶν εἰδητικῶν ἀριθμῶν οἱ ὁποῖοι προηγοῦνται τῶν μαθηματικῶν καὶ ψυχικῶν, ἕπονται δὲ τοῦ ἑνὸς καὶ τῆς ἀορίστου δυάδος.

ψλγ΄. Ἐπιστρέφοντας ἡ ψυχὴ 'ς τὸν ἑαυτό της ἀποκαθαίρεται ἀπὸ τὸν ἐξωτερικὸ μερισμό, ἐπιστρέφοντας δὲ 'ς τὴν πηγή της ἀπὸ τὸν ἐσωτερικό.

ψλδ΄. Πρὸ τῆς ἐκφάνσεώς του ἐντός μας νομίζουμε ὅτι ὑπάρχουμε ἀληθινά, μετὰ δὲ τὴν ἔκφανσι του ἀντιλαμβανόμαστε ὅτι μόνον ἐκεῖνο ἔχει ἀληθινὴ ὑπόστασι, ἐμεῖς δὲ 'δὲν εἴμαστε ἄλλο εἰ μὴ ἡ σκιά του.

ψλε΄. Ἐνδέχεται εἴτε λέγοντας μηδὲν εἴτε ἕνα εἴτε ὅλον εἴτε ἄπειρο 'νὰ ἐννοοῦμε ἁπλῶς τὴν ἴδιαν ἀκριβῶς φανέρωσι τῆς πρώτης ἀρχῆς ἐντὸς τῆς ψυχικῆς μας διάνοιας.

ψλς΄. Ἄν καὶ ἀνεννόητο, φαίνεται 'νὰ

ἐννοῆται τρόπον τινὰ ἀνεννοήτως κατὰ τὸν ἐνισμό.

ψλζ΄. Ἐπειδὴ ὁ ἔρωτας εἶναι ὄχι μόνον ἑνὸς μέρους τῆς ψυχῆς, ἀλλὰ ὁλόκληρης, εἶναι πάντοτε ἔρωτας τοῦ ὅλου, ὁ δὲ σαρκικὸς ὡς μερικὸς μία θλιβερὴ ὑπόβασί του.

ψλη΄. Εἶναι δύσκολο ΄νὰ ὑποφερθῇ ἡ παχύτητα καὶ πυκνότητα τῆς ὑλικῆς σωματικότητας, ἂν ἔχῃ βιωθῇ ἤδη ἡ πτῆσι τῆς χωριστῆς ἀπὸ τὸ σῶμα ψυχῆς.

ψλθ΄. Ἐπειδὴ οἱ νοήσεις ὁμοιάζουν πρὸς τὶς ἑνάδες, οἱ λογισμοὶ πρὸς τὶς ἀκολουθίες τῶν ῥητῶν ἀριθμῶν, τὰ δὲ πάθη καὶ οἱ ἐπιθυμίες πρὸς τ᾽ ἀσύμμετρα μεγέθη, συνάγεται ὅτι τὸ ἄπειρο τοῦ ἐλλόγου μέρους τῆς ψυχῆς εἶναι ἀριθμητό, τὸ δὲ τοῦ ἀλόγου ἀναρίθμητο.

ψμ΄. Ἡ ἐμφάνεια τοῦ κάλλους ὑπομιμνήσκει 'ς τὴν ψυχὴ τὸν ὑπερουράνιο τόπο ἀπὸ τὸν ὁποῖον ἀπέπεσε, ἡ δὲ τοῦ αἴσχους αὐτὴν ἀκριβῶς τὴν ἀπόπτωσί της.

ψμα΄. Ὅσο θεῖο καὶ ἂν ἦναι τὸ πέρας ὡς ἴνδαλμα καὶ ὁμοίωμα τοῦ ἑνός, ἄλλο τόσο εἶναι καὶ τὸ ἄπειρο ὡς ἀπροςμέτρητη δύναμί του.

ψμβ΄. Εἴτε ὡς ἕτερο πρὸς ἐμᾶς εἴτε ὡς ταὐτὸ εἴτε ἀκόμη καὶ ὡς ἕτερο συνάμα καὶ ταὐτό, 'δὲν εἶναι ἐκεῖνο.

ψμγ΄. Ἀντὶ 'νὰ ἐπιθυμῆται ἡ ἕνωσι πρὸς τὰ πάντα διὰ τῆς ὑπερβάσεως τοῦ σώματος καὶ τοῦ ἐνσώματου ἑαυτοῦ, ἐπιθυμεῖται ἡ αἰώνια διάσωσί του ἐντὸς τοῦ τάφου τοῦ σώματος, δηλαδὴ ὁ αἰώνιος χωρισμός.

ψμδ΄. Εἶναι ὀρθότερο 'ν' ἀποκαλῆται ἀνύπαρκτο καὶ ἀνυπόστατο παρὰ ὑπαρκτὸ καὶ ὑποστατό, ἂν καὶ καλύτερο θὰ ἦταν 'νὰ μὴ καλῆται καθόλου.

ψμε΄. Πρώτη ἐγγύτητα 'ς τὴν ἀκρότητα τῆς ψυχῆς εἶναι ἡ συναίσθησι, δεύτερη ἡ προσοχή, τρίτη δὲ τὸ συνειδός.

ψμϛ΄. Ἐπειδὴ εἶναι ἀδύνατον ἡ ψυχὴ 'νὰ ἐμβυθισθῇ 'ς τὸ μηδαμῶς ὂν καὶ 'ν' ἀπολεσθῇ ἐντός του, ὅσο περισσότερο τὸ προσπελάζει, τόσο βαθύτερα ἐμβυθίζεται 'ς τὸ ἄπειρο.

ψμζ΄. Ἐάν, ὅπως δοξάζουμ' ἐμεῖς οἱ Πλατωνικοί, οἱ μαθηματικὲς ἀρχὲς ἐξαρτῶνται ἀπ' εὐθείας ἀπὸ τὶς πρῶτες καὶ κυριώτατες, τότε χρειάζεται 'νὰ διακρίνουμε τοὺς ἀριθμοὺς 'ς εἰδητικοὺς καὶ μαθηματικούς, ὑπολαμβάνοντας τοὺς μὲν ὡς παραδείγματα, τοὺς δε ὡς ὁμοιώματα.

ψμη΄. Καίτοι πλησιασμένο ἔξωθεν ὁμοιάζει πρὸς σημεῖο, ἔσωθεν εἶναι ἄπειρο.

ψμθ΄. Εἶναι δυνατὸν ἡ ἐγρήγορσι 'νὰ ἐκληφθῇ ὡς μονάδα τῆς ψυχῆς, ἡ νόησι ὡς δυάδα, ἡ διάνοια ὡς τριάδα, ἡ αἴσθησι ὡς τετράδα, ἡ δὲ ἐμβίωσι τοῦ κόσμου ὡς δεκάδα, ἤτοι τὸ ἄθροισμα καὶ τῶν τεσσάρων.

ψν΄. Ὀνειροπολοῦμε ὅτι ἔχουμε ἐξέλθει ἀπὸ τὴν θείαν ἑνότητα ἀπὸ τὴν ὁποία προήλθαμε, ὅτι ζοῦμε ἐντὸς ἑνὸς σώματος γεώδους καὶ σαρκικοῦ, ὅτι εἶναι ἕνας κόσμος γενητὸς καὶ αἰσθητὸς πέριξ τοῦ σώματος αὐτοῦ, τί ποτε ὅμως ἀπὸ ὅλ' αὐτὰ 'δὲν φαίνεται 'νὰ συμβαίνη.

ψνα΄. Ἡ ἔσχατη ἑτερότητα τῶν ἀρρήτων ἀριθμῶν εἶναι ἡ ἀπόδειξι τοῦ ὅτι ἀρχὴ καὶ ρίζα τοῦ μὴ ὄντος εἶναι ἡ ἀειδιαιρεσία, ἡ δὲ ἀναριθμησία τους ἡ ἔνδειξι τῆς ἰλιγγιώδους ἀπειροδυναμίας τῆς πρώτης ἀρχῆς.

ψνβ΄. Διαμερίζουμε τὸ ὅλον διὰ 'νὰ τὸ κατανοήσουμε, καταντῶντας ὄχι μόνο 'νὰ μὴ τὸ κατανοοῦμε, ἀλλὰ 'νὰ ἔχουμε διαμερίσει τὸν ἴδιο τὸν ἑαυτό μας.

ψνγ΄. Κατὰ τὸ τέλος τῆς πορείας ἡ ὑ-
πέρτατη τῶν πάντων ἀρχὴ ἐμφαίνεται
ἐντὸς τῆς ψυχῆς ὡς πλήρης κενότητα
καὶ παροῦσα ἀπουσία.

ψνδ΄. Χρειάζεται ἤδη ἀπὸ τούτη τὴν
ἐγκόσμια ζωὴ ᾽νὰ ὑπερβοῦμε τὸ μερι-
κὸ καὶ τὸ προσωπικό, διὰ ᾽νὰ μὴ ἐπα-
νολισθήσουμε μετὰ θάνατον ᾽ς τὴν με-
ρικότητα μιᾶς ἢ καὶ πολλῶν ἀκόμη ἐν-
σώματων ζωῶν.

ψνε΄. Οἱ μαθηματικοὶ ἀριθμοὶ ᾽δὲν εἶ-
ναι ἄλλο ἀπὸ τὰ ἴχνη τοῦ ὑπερουσίου
ἑνὸς ἐντὸς τῆς ψυχῆς, ὁ δὲ προποδι-
σμός τους ἀπὸ τὴν μονάδα ᾽ς τὸ πλῆ-
θος τὸ ἴχνος τοῦ ἀπείρου, ἤτοι τῆς τοῦ
ὑπερουσίου δυνάμεως.

ψνς΄. Κατὰ τὴν ὕψιστη καὶ μυστικώτα-
τη ἐνέργειά της ἡ διάνοια ἐκφράζεται
μαθηματικῶς, ἡ δὲ ἔκφρασι αὐτὴ εἶναι
ὑποδεέστερη μόνον τῶν ἄυλων ἐνοει-
δῶν νοήσεων.

ψνζ΄. Τὸ κατώτατο μέρος τῆς ψυχῆς, τὸ κατερχόμενο ἕως καὶ τὸ βάραθρο τῆς ὕλης, δὲν εἶναι ἄλλο ἀπὸ τὴν ἐσχατιὰ τοῦ ἱεροῦ, ἡ δὲ ἐνέργειά του τῆς μεταδόσεως τῶν λόγων τῶν εἰδῶν ἡ ἔσχατη ἱερουργία.

ψνη΄. Ἡ ἑνότητα τοῦ νοητοῦ τόπου φαντάζει ἀπείρως περατὴ καὶ ἀνεκτάτως ἑκτατὴ καὶ ἀμερίστως μεριστὴ καὶ ἀπληθύντως πεπληθυσμένη.

ψνζ΄. Διὰ τῆς συνεχοῦς τριβῆς μὲ τὰ μαθηματικὰ καὶ τὴν διαλεκτικὴ ἡ ψυχὴ ἀποκαθαίρεται ἀπὸ τὰ ἐγκόσμια, λησμονεῖ ὅτι ἔχει σῶμα, ἀναμιμνήσκεται τὰ ὄντως ὄντα καὶ ἐπανάγεται ᾿ς αὐτά.

ψξ΄. Καίτοι εἶναι ἄλλο ἡ μονάδα καὶ ἄλλο ὁ ἄπειρος ἀριθμός, ἄλλο τὸ σημεῖο καὶ ἄλλο ὁ ἄπειρος χῶρος, κατὰ τὴν ἀναγωγή μας ᾿ς τὴν πρώτη ἀρχὴ ἡ μονάδα γίνεται ἄπειρος ἀριθμός, ὁ ἄπειρος ἀριθμὸς μονάδα, τὸ σημεῖο ἄ-

πειρος χῶρος, ὁ δὲ ἄπειρος χῶρος ση-
μεῖο.

ψξαʹ. Ἐὰν κατὰ τὴν μελέτη τοῦ αἰσθη-
τοῦ κόσμου ἡ ψυχὴ ἑλκυσθῇ ὑπὲρ τὸ
δέον ἀπὸ τὸ σύνθετο, τὸ περίπλοκο
καὶ τὸ σκεδαστό, ἐνδέχεται σύντομα
'ν' ἀπολέσῃ τὴν ἑνότητά της, 'νὰ μερι-
σθῇ καὶ 'νὰ κατασκεδασθῇ.

ψξβʹ. Νόωσι τῆς ψυχῆς εἶναι ἡ στρο-
φή της πρὸς κάποιο ἕνα, ὁ ἑνισμός της
καὶ ἡ συνακόλουθη ἐπαφή τους.

ψξγʹ. Ἔχοντας ἀρχή μας ὄχι τὴν ὕλη,
ἀλλὰ τὴν συναίσθησι δέον 'νὰ προχω-
ροῦμε ἀπὸ τὰ ἔσω πρὸς τὰ ἔξω, πρῶ-
τα 'ς τὸ σῶμα καὶ τὶς αἰσθήσεις, ἔπει-
τα 'ς τὶς φαντασίες τοῦ αἰσθητοῦ κό-
σμου, τέλος δὲ 'ς τὴν ἄβυσσο τῆς ὕλης
καὶ ὄχι, μὰ τὸν Δία, ἀντίστροφα, ἀπὸ
τὰ ἔξω πρὸς τὰ ἔσω.

ψξδʹ. Ἕνα πάλλευκο φῶς φερμένο ἀ-
πὸ τὶς ἐσχατιὲς τοῦ νοητοῦ ἐλλάμπει

ἐντὸς τῆς ψυχῆς, ὁποτεδήποτε κενώ-
νεται ἀπὸ τὸν ἑαυτό της.

ψξε΄. Μὴ παραβλέπεται ὅτι κάθε τι δι-
ακριτὸ εἶναι ἕνα, ὅπως καὶ τὸ συνεχὲς
ὡς ὅλον.

ψξς΄. Τὸ σῶμα ἠρεμεῖ, ἡ ψυχὴ ἡσυχά-
ζει, ὁ νοῦς κενώνεται, ἀπομένει δὲ μό-
νον μία ἑνότητα καθαρῆς οὐσίας καὶ
ζωῆς, ἀόριστη, ἄπειρη καὶ ἀπερίλη-
πτη.

ψξζ΄. Ὄντας τὸ σημεῖο εἰκόνα ἀδια-
στασίας καὶ ἀχρονίας, ὁποτεδήποτε
στρεφόμαστε καὶ ἡσυχάζουμε ᾽ς αὐτό,
μεταβαίνουμε ἀπὸ τὸ ἔγχρονο τριχῇ
διαστατὸ τῆς γενέσεως ᾽ς τὸ ἄχρονο
καὶ ἀδιάστατο τῆς οὐσίας.

ψξη΄. Τόσο ὅταν ἐξέρχεται ἡ ψυχὴ ἀ-
πὸ τὸν ἑαυτό της, ὅσο καὶ ὅταν ἐπαν-
εισέρχεται ᾽ς αὐτὸν ἐξανοίγεται ᾽ς τὸ
ἄπειρο, τὸ ὁποῖο κατὰ τὴν φορὰ τῆς
ἐξανοίξεως ἀτενίζεται εἴτε ἀριθμητὸ

εἴτε ἀναρίθμητο.

ψξθ΄. Εἶναι ἕνας ἀφανὴς νοῦς πρὸ τοῦ φανεροῦ καὶ μία ἀφανὴς ζωὴ πρὸ τῆς φανερῆς καὶ μία ἀφανὴς οὐσία καὶ ἑ-νότητα καὶ ὕπαρξι παρομοίως.

ψο΄. Ἐπειδὴ ὁτιδήποτε ὑπάρχει ἐνι-δρύεται ἐντὸς μιᾶς ἑνάδας, οὐδέποτε ἀποπίπτει τοῦ ἑνός, ἀκόμη καὶ ἂν κα-ταντήσῃ ᾽νὰ πληθυνθῇ ἄπειρες φορές.

ψοα΄. Ἡ ψυχὴ εἶναι συνάμα αἰώνια καὶ γενητή, κινητὴ καὶ ἀκίνητη, ἀμέρι-στη καὶ μεριστή, ἐγκόσμια καὶ ἐξῃρη-μένη.

ψοβ΄. Ἐὰν μὴ ἦταν τὸ ἕνα ᾽νὰ τὰ συγ-κρατῇ, τὰ πάντα θὰ κατέπιπταν ᾽ς τὴν ἀναριθμησία καὶ τὴν ἀχάνεια τοῦ ἀ-πείρου, τὴν ἀδηλία τῆς ἀγνωσίας καὶ τὴν ἀβεβαιότητα καὶ ἀνοησία τῆς ἀδι-οριστίας.

ψογ΄. Ὁποτεδήποτε ἡ ψυχὴ ἡσυχάζει

καὶ ἐνίζεται, μία ἀχανής, ἄπειρη χώρα ἐξανοίγεται ἐντός της, ἡ ὁποία 'δὲν εἶναι ἄλλο ἀπὸ τὴν ἴδια τὴν ἔκτασί της.

ψοδ΄. Ἐπειδὴ μόνον οἱ ἐνάρετες πράξεις ὑπερβαίνουν τὰ ὅρια τῶν ἐγκόσμιων βίων τοὺς ὁποίους προβάλλουν οἱ ψυχές, ἀπὸ τ' ἀνθρώπινα μόνον ἡ ἀρετὴ φαίνεται 'νὰ διασῴζεται καὶ 'νὰ θριαμβεύῃ τοῦ θανάτου.

ψοε΄. Ὀνειροπολοῦμε μία πόλι Πλατωνικῶν καὶ Πυθαγορείων φιλοσόφων, ἀνδρῶν καὶ γυναικῶν διαβιούντων κατὰ λόγον, νοῦν καὶ ἀριθμόν, 'ς τὴν ὁποίαν οὔτε ἄνθρωπος ἀδικεῖται οὔτε ζῷο ἀποκτείνεται οὔτε ἤμερο φυτὸ ἐκριζώνεται, ἀλλὰ τιμᾶται ὡς ὕψιστος θεὸς ἡ προούσια καὶ προαιώνια ἑνότητα, μακριὰ ἀπὸ τὴν ἀδηφαγία καὶ ἀκορεστία τῆς ἀνθρώπινης ἀγέλης, ἡ ὁποία διάγοντας μόνον κατ' ἐπιθυμίαν, πάθος καὶ θυμὸν ἀφανίζει ἀκατάπαυστα ὅ,τι τὴν περιβάλλει, ἀφανίζοντας συνάμα καὶ τὸν ἴδιο τὸν ἑαυτό της.

ψϛ΄. Προσαγορεύεται μερικὴ ἡ ψυχὴ τοῦ παντός, ὁποτεδήποτε, ἀπεστραμμένη τὸ ὅλον, στρέφεται 'ς ἕνα μέρος καὶ παραδίδεται 'ς αὐτό.

ψζ΄. Ἡ φιλαριθμία ἂς ἦναι κατ' ἐμᾶς καὶ φιλοκαλία καὶ φιλαγαθία καὶ φιλοσοφία καὶ φιλοθεΐα.

ψη΄. Κατὰ τὸν θεῖο Πλωτῖνο εἴτε ἡνωμένος ὁ ἀριθμὸς ὡς ὄν, εἴτε ἐν ἑαυτῷ κινούμενος ὡς νοῦς, εἴτε ἐξεληλιγμένος ὡς ὄντα, εἴτε περιέχων ὡς ζῷον νοητόν, 'δὲν εἶναι ἄλλο ἀπὸ ἀπόπτωσι καὶ ἀπόστασι τοῦ ἑνός.

ψθ΄. Ἂν νοηθοῦν δύο ὅμοια τρίγωνα, ἕνα μικρὸ καὶ ἕνα μεγάλο καὶ θεωρηθοῦν ἐπὶ μακρὸν θὰ γνωρισθῇ κατ' ἐπιβολὴν ἡ ὁμοιότητα, ἂν τὸ μικρὸ μεγεθυνθῇ ἕως ὅτου γίνῃ ἴσο πρὸς τὸ μεγάλο καὶ θεωρηθοῦν τὰ δύο ἴσα τρίγωνα πάλι ἐπὶ μακρὸν θὰ γνωρισθῇ ὁμοίως ἡ ἰσότητα, ἂν δὲ τὸ ἕνα μετακινηθῇ ἐπάνω 'ς τὸ ἄλλο καὶ θεωρηθοῦν προςεκτικῶς τὰ δύο ὡς ἕνα θὰ γνωρισθῇ τέλος καὶ ἡ ταυτότητα, ἴσως ἀκόμη καὶ ἡ ἑνότητα.

ψπ΄. Ὁ προποδισμὸς τῆς μονάδας 'ς τὴν δυάδα, ἀλλὰ καὶ ἡ μετάβασι ἀπὸ τὴν ἀδιαστασία 'ς τὴν διάστασι, ἐξεικονίζουν τὴν δυνατότητα τῆς ἑνότητας 'νὰ ἐπεκτείνεται ἐπ' ἄπειρον, 'νὰ διαιρῆται, 'νὰ πληθύνεται καὶ 'νὰ σκορπίζεται.

ψπα΄. Ἡ ἀδυναμιά διακρίσεως τῶν μαθηματικῶν ὑποτυπώσεων καὶ τῶν νοητῶν παραδειγμάτων πρὸ τοῦ αἰσθητοῦ κόσμου εἶναι μωρία καὶ τύφλωσι χειρότερη ἀπὸ τῶν ὀφθαλμῶν.

ψπβ΄. Ἐκλαμβάνοντας τὸ θεῖο ὡς ἁπλῶς ἄπειρο ἢ ἄπειρο ἀπείρων ἢ ἀπειράκις ἄπειρο, ὄχι μόνο 'δὲν τὸ προςεγγίζουμε, ἀλλ' ἀποπίπτουμε ἀπ' αὐτό, διότι, καίτοι περιεκτικὸ τῶν πάντων, συνεπῶς καὶ τοῦ ἀπείρου, 'δὲν εἶναι τί ποτε ἀπ᾽ αὐτά.

ψπγ΄. Εἶναι ἀναγκαῖο 'ν᾽ ἀπορριφθῇ ἡ ὀλέθρια κακοδοξία τῆς ἐκ τοῦ μηδενὸς δημιουργίας τοῦ κόσμου, ὄχι μόνον ὡς ἐσφαλμένη, ἀλλὰ καὶ ἐπειδὴ δι᾽ αὐτῆς ὁ αἰσθητὸς κόσμος ἀπαξιώνεται καὶ τὸ μηδὲν παρεισφρέει ὑπούλως ἕως τὰ μύχια τῆς ψυχῆς.

ψπδ΄. Βλέποντας τὸν ἑαυτό μας σφαιροειδῆ ἀποδυόμαστε νοερὰ τὸ σχῆμα τοῦ ἀνθρώπινου, γεώδους σώματός μας, ἐνδεδυμένοι ἕνα ἄλλο συμμετρικώτερο, ἁρμονικώτερο καὶ συγγενικώτερο τῆς ψυχῆς.

ψπε΄. Ἂν καὶ ἀντιφατικὸ 'ν᾽ ἀποκαλῆται συνάμα παρὸν καὶ ἀπόν, ἐγγὺς καὶ μακρινό, κενὸ καὶ ὑπερπλῆρες, πῶς ἀλλιῶς 'νὰ ἐκφρασθῇ τὸ βίωμα ἐκεῖνο 'ς τὸ ὁποῖο τὰ πάντα, ἀκόμη καὶ τὰ ἐνάντια, συμπίπτουν;

ψπϛ΄. Συνομολογοῦμε μὲ᾽ τὸν πατέρα Πλάτωνα ὅτι εἶναι δύο οἱ κατηγορίες τοῦ εἶναι, τὸ καθ᾽ αὐτὸ καὶ τὸ πρός τι, ὅλα δὲ τ᾽ ἄλλα -τὰ ποσὰ καὶ τὰ ποιά, οἱ τόποι καὶ οἱ χρόνοι, οἱ ἐνέργειες καὶ τὰ πάθη- ἁπλῶς συνέπονται.

ψπζ΄. Τόσο ὁ νοῦς καὶ ἡ ψυχὴ ὅσο καὶ ὁ αἰσθητὸς κόσμος ᾽δὲν εἶναι ἄλλο ἀ- πὸ καθωρισμένες διατάξεις τοῦ ἀπεί- ρου, πρώτη ὁ νοῦς, δεύτερη ἡ ψυχή, τρίτη ὁ αἰσθητὸς κόσμος.

ψπη΄. Ἀκόμη καὶ τὸ κάλλιστο εἶδος φαντάζει αἰσχρὸ πρὸ τῆς ἀείδιας τῆς πρώτης ἀρχῆς.

ψπθ΄. Ἐπειδὴ ἡ ψυχή, ὡς πρωτότοκη τοῦ νοῦ, εἶναι φύσι νοερή, ᾽ς τὸν βυθό της διεισδύει μόνον τὸ νοητό (ὅ,τι ἔχει εἶδος δηλαδή) τὸ δὲ ἀνόητο καὶ ἀειδὲς μόλις ἐγγίζει ᾽ς τὴν ἐπιφάνειά της.

ψϞ΄. Ἂν καὶ παντελῶς ἄγνωστο ὅταν ἀπουσιάζῃ, ὅταν ἐμφαίνεται ἐντός μας αἰσθανόμαστε ὡσὰν 'νὰ τὸ γνωρίζουμε ἀπὸ πάντα, καίτοι οὔτε 'νὰ τὸ ὁρίσουμε δυνάμεθα οὔτε 'νὰ τὸ εἰποῦμε, ἀλλὰ τὸ αἰσθανόμαστε οἰκειότερο καὶ ἀπὸ τὸν ἴδιο τὸν ἑαυτό μας.

ψϟα΄. Ἐφ' ὅσον ὅ,τι εἶναι ἐκτὸς τοῦ ἀνθρώπου εἶναι ἀνάκλασι τοῦ ἐντὸς καὶ ὅ,τι ἐντὸς ἐκτός (καλοῦμε ἄλλωστε εὐλόγως τὸν ἄνθρωπο μικρὸν κόσμο) ὅσους λόγους, ἀριθμούς, εἴδη καὶ τάξεις συναπαντοῦμε ἐκτός μας εἶναι καὶ ἐντός, μεταδοσμένοι 'ς τὴν ψυχὴ ἀπὸ τὸν θεῖο νοῦ.

ψϟβ΄. Γνωρίζουμε τὴν δικαιοσύνη ὄχι ἔχοντας ἀκούσει περὶ αὐτῆς ἢ ἀπομνημονεύσει κἄποιον ὁρισμό της, ἀλλ' ἔχοντας γίνει οἱ ἴδιοι δίκαιοι, ὁμοίως καὶ τὴν ὁσιότητα καὶ τὴν ἀγαθότητα καὶ τ' ἄλλα πάντα.

ψϟγ΄. Τὸ ἱερὸ ἄκρο τῆς ψυχῆς, τὸ ἐντός της ἕνα, ἡ θεία της μονάδα εἶναι ἐπέκεινα καὶ τῶν τεσσάρων τρόπων τῆς ἐνσώματης ἀνθρώπινης ζωῆς της, τουτέστιν τῆς ἐγρηγόρσεως, τοῦ ὀνείρου, τοῦ ἀνονείρου ὕπνου καὶ τῆς ἐκστάσεως.

ψ⁴δ΄. Ἔχοντας τὸ ὑπερούσιο βιωθῆ, ἐγγισθῆ καί -τρόπον τινά- γνωρισθῆ, ὁμολογεῖται ὅτι εἶναι κενὸ μὴ ὄντας μηδὲν καὶ ὑπερπλῆρες μὴ ὄντας κάτι.

ψ⁴ε΄. Ὅσο ἀφιστάμεθα ἀπὸ τὴν ἑνότητα, τόσο τὸ θεῖο ἐντός μας ἀπομακρύνεται ἀπὸ τὸ ἐκτός, ὅσο δὲ ἀπομεριζόμαστε ἀφιστάμενοι, τόσο ἀδυνατοῦμε ΄νὰ διακρίνουμε ἕως καὶ τὰ ἔσχατά του ἴχνη.

ψ⁴ς΄. Διὰ τῆς φιλοσοφικῆς καθάρσεως -ἤτοι τῆς ὕψιστης δυνατῆς ἀνθρώπινης- ἀποβάλλεται ἀπὸ τὴν ψυχὴ ὁτιδήποτε ἐντός της ΄δὲν εἶναι αἰώνιο, ἕως ὅτου ἐξομοιωθῆ παντελῶς πρὸς τὸν θεό.

ψ⁴ζ΄. Μὴ ὄντας ὁ νοῦς ἡ πρώτη ἀρχή,

δηλαδὴ ἡ αἰτία τῆς ὑπάρξεως τῶν πάντων, ἀλλὰ μόνον τῆς κοσμήσεώς τους, συνεπάγεται ὅτι ὁ κόσμος 'δὲν εἶναι πρὸ τοῦ νοῦ, ἀλλ' ἀπὸ τὸν νοῦ, τοῦ δὲ νοῦ προηγεῖται ἡ ὑπερκόσμια ἑ- νότητα καὶ ἡ ἀκοσμία τῆς ἀπειρίας.

ψιη΄. Ματαιοπονοῦμε ἐπιχειρῶντας 'νὰ ἑνωθοῦμε μὴ ἔχοντας πρῶτα κα- θαρθῇ καὶ φωτισθῇ, διότι ἡ ἀκάθαρτη καὶ ἀφώτιστη ψυχὴ εἶναι ἀδύνατον 'νὰ ἐπανενωθῇ μὲ' τὴν πηγή της.

ψιθ΄. Πρὶν ἐκφανῇ ὡς αἰσθητὸς κό- σμος εἶναι ψυχή, πρὶν ὡς ψυχὴ νοῦς, πρὶν ὡς νοῦς ἀόριστη δυάδα, πρὶν ὡς ἀόριστη δυάδα ἕνα, πρὶν ὡς ἕνα ἄφα- το καὶ ἀνωνόμαστο.

ω΄. Ὅσο καὶ ἂν μετέχῃ ἑνὸς εἴδους καὶ μάλιστα περικαλλοῦς, 'δὲν παύει τὸ σῶμα 'ν' ἀποτελῇ τὸν τάφο τῆς ψυ- χῆς, ἀπὸ τὸν ὁποῖον εἶναι ἀνάγκη τὸ συντομώτερο 'ν' ἀνεγερθῇ.

ωα΄. Ἡ ἀρχικὴ μονάδα διαιρεῖται εἰς δύο, οἱ δύο εἰς τέσσερεις, οἱ τέσσερεις ΄ς ὀκτώ, οἱ ὀκτὼ εἰς δεκαέξι, οἱ δεκαέξι εἰς τριάντα δύο, οἱ τριάντα δύο εἰς ἑξήντα τέσσερεις καὶ τοῦτο εἰς ἄπειρον· ὅσο δὲ αὐξάνονται οἱ μονάδες τόσο μειώνεται ἡ δύναμί τους, ὥστε πᾶσα διαίρεσι εἶναι καὶ ὑπόβασι ἀπὸ τὴν ἀπειροδυναμία τῆς ἑνότητας ΄ς τὴν ἀδυναμία τοῦ ἄπειρου σκεδασμοῦ.

ωβ΄. Ἐφ᾽ ὅσον οὐδέποτε ἔπαυσε ΄νὰ ἐκπορεύεται ἀπὸ τὴν πρώτη ἀρχή, οὔτε ἀγένητος ἂς προσαγορεύεται ὁ κόσμος οὔτε γενητός, ἀλλ᾽ ἀειγένητος.

ωγ΄. Ἡ ἄριστη καὶ βέλτιστη καὶ κάλλιστη μελέτη τῆς ψυχῆς εἶναι ἡ μελέτη τῆς μονάδας.

ωδ΄. Οἱ ἐπιστῆμες τῶν δύο ἀνεγνωρισμένων ὑφ᾽ ἡμῶν τῶν Πλατωνικῶν κατηγοριῶν τοῦ εἶναι, τοῦ καθ᾽ αὑτὸ καὶ τοῦ πρός τι, εἶναι τοῦ μὲν ἡ πλατωνικὴ διαλεκτική, τοῦ δὲ τὰ μαθημα-

τικά, ὑπολαμβανόμενες πάντοτε ἀδια-
χώριστες.

ωε΄. Τὸ λογικὸ μόριο τῆς ψυχῆς ἔχει
πρὸς τὸ ἄλογο, τόσο ποσοτικὰ ὅσο καὶ
ποιοτικά, ὅπως τ᾽ ἀσύμμετρα μεγέθη
πρὸς τὰ σύμμετρα.

ως΄. Ἂν καὶ ἡ ψυχὴ ἀπογεννᾷ τὸ σῶμα
ὅπως καὶ κάθε ἄλλο αἰσθητό, ὅταν δι-
άγῃ κατ᾽ αὐτὸ μὴ ζῶντας τὴν χωριστὴ
νοερὴ ζωή της, ἀλλὰ κατακλυσμένη ἀ-
πὸ ἐπιθυμίες, πάθη καὶ μέριμνες βιοτι-
κές, καταλήγει ᾽νὰ νομίζῃ ὅτι καὶ ἡ ἴ-
δια ᾽δὲν εἶναι ἄλλο ἀπὸ ἕνα ἀκόμη ἀ-
πογέννημά του.

ωζ΄. Μὴ διαλανθάνῃ ὅτι ᾽δὲν εἶναι
μόνον τὰ νοητά, ἤτοι τὰ ὄντως ὄντα,
ἑνάδες, ἀλλὰ καὶ οἱ ἴδιες οἱ νοήσεις
τους.

ωη΄. Καὶ τὸ λογικὸ μέρος τῆς ψυχῆς,
ἂν καὶ μονάδα, μετέχει τοῦ ἀπείρου,
καὶ τὸ ἄλογο, ἂν καὶ ἄπειρο, τῆς μο-

νάδας, ὄντας ἄλλο τὸ ἄπειρο τοῦ μέν, ἄλλο τοῦ δέ, τὸ πρῶτο ἀριθμητὸ καὶ νοητό, τὸ δεύτερο ἀναρίθμητο καὶ ἀνόητο.

ωθ΄. Καίτοι τὸ αἰσθητικὸ καὶ τὸ αἰσθητό, τὸ φανταστικὸ καὶ τὸ φανταστό, τὸ διανοητικὸ καὶ τὸ διανοητό, τὸ νοητικὸ καὶ τὸ νοητό, ἕως καὶ τὸ συναισθητικὸ καὶ τὸ συναισθητὸ συναναφαίνονται καὶ συναπόλλυνται, τὸ ὑποκείμενο ὅλων αὐτῶν οὔτε ἀναφαίνεται οὔτε ἀπόλλυται, ἀλλ᾽ ὑπόκειται αἰωνίως ἀδημιούργητο, ἄναρχο καὶ ἀτελεύτητο.

ωι΄. Ἔχοντας ἀφεθῆ παντελῶς ἡ ψυχὴ καὶ πᾶσα ἐντὸς καὶ ἐκτός της διάκρισι ἀπολεσθῆ, οὔτε ᾽νὰ ᾽πῆ πλέον ποῦ εἶναι δύναται, οὔτε πῶς εἶναι, οὔτε πότε εἶναι, οὔτε τί εἶναι, οὔτε ἂν ἦναι, οὔτε ἂν μὴ ἦναι.

ωια΄. Εἴμαστε ἀληθινώτερα ἐκεῖνο τὸ ἄρρητο καὶ ἀκατάληπτο ᾽ς τὸ ὁποῖο μετέχουμε καὶ κοινωνοῦμε, παρὰ ὅ,τι λέγουμε καὶ ἀντιλαμβανόμαστε ὅτι εἴμαστε κατὰ τὴν ἐνσώματη ζωή μας.

ωιβ΄. Τρία τινὰ συμβαίνουν κατὰ τὴν συναγωγή τῆς ψυχῆς· πρῶτα ἡ πλήρης ἄφεσί της, ἔπειτα ἡ τέλεια ἄνοιξί της, τέλος δὲ ἡ ἄπειρη ἄπλωσί της.

ωιγ΄. Τὸ ἄπειρο τοῦ νοητοῦ κόσμου ὁρίζεται ἀπὸ τὴν οἰκεία του ἑνάδα, τοῦ μαθηματικοῦ ἢ ψυχικοῦ ὁρίζεται καὶ ᾽δὲν ὁρίζεται, τοῦ δὲ αἰσθητοῦ μόλις καὶ ἐγγίζεται, διὰ τοῦτο καὶ ἐκφαίνεται ᾽ς τὴν ψυχὴ ὡς ἀπειράκις ἄπειρο.

ωιδ΄. Ἐὰν πηγὴ καὶ ῥίζα πάσης ὑπάρξεως εἶναι ἡ ἑνότητα, ἡ πρωταρχή -ἢ προϋπαρξί ἢ προϋπόστασι- ἡ ὁποία τὴν παρέχει θὰ ἦναι κάτι ὡσὰν ἰδέα της.

ωιε΄. Λέγοντας ὅτι ἡ ψυχὴ μετενσωματώνεται ἐννοοῦμε ὅτι διὰ τῆς ἐξόδου της ἀπὸ τὸν ἑαυτό της προβάλλει ἀκα-

τάπαυστα λόγους νοερούς 'ς ένα ὑπό-
στρωμα ὑλικό, οἱ ὁποῖοι συγκροτοῦν
εἴδη ζωῶν -ἀνθρώπινων, ζωικῶν, φυ-
τικῶν ἢ ἀστρικῶν- διαδοχικῶν καὶ ἐξ-
αρτημένων.

ωις΄. Ὄντας ἡ ὕλη παντελὴς ἄνοια τεί-
νει πρὸς ὁλοένα καὶ μεγαλύτερη ἀτα-
ξία, ἐκτὸς ὁπόταν λαμβάνῃ τάξι ὑπὸ
τοῦ θείου νοῦ διὰ τῆς ψυχῆς.

ωιζ΄. Ὅσο προκόπτουμε κατὰ τὴν κα-
τὰ λόγον καὶ νοῦν ζωή, οἱ μνῆμες τῶν
ἐπιγείων ἐκθολώνονται καὶ ἀποlη-
σμονοῦνται, οἱ δὲ ἀναμνήσεις τῶν ἐ-
πουρανίων καὶ ὑπερουρανίων ἐναυγά-
ζονται καὶ ἀναβιώνουν.

ωιη΄. Ἡ μετάστασι τῆς ψυχῆς ἀπὸ τὰ
πολλὰ 'ς τὸ ἕνα, ἤτοι ἡ ἀναγωγή της
ἀπὸ τὴν πολλαπλότητα 'ς τὴν ἑνότητα,
εἶναι μετάβασι ἀπὸ ἕναν κλειστὸ τρό-
πο ὑπάρξεως 'ς ἕναν ἄλλον ἀνοικτό.

ωιθ΄. Προσαγορεύοντας τὴν πηγὴ τῶν

πάντων ἕνα καὶ συνδέοντάς την πρὸς τὸ πέρας, τὴν ἐκλαμβάνουμε ἐσφαλμένως ὄχι ἄπειρη ἀλλὰ πεπερασμένη, καίτοι οὔτε τὸ μὲν εἶναι οὔτε τὸ δέ, ἀλλ᾽ ἐπέκειν᾽ ἀμφοτέρων.

ωκ´. Πᾶν ἀριθμητικὸ ἰδίωμα εἶναι καὶ ψυχικὸ καὶ πᾶν ψυχικὸ ἀριθμητικὸ καὶ πᾶσα ἀριθμητικὴ σχέσι ψυχικὴ καὶ πᾶσα ψυχικὴ ἀριθμητικὴ καὶ πᾶσα ἀριθμητικὴ ἀκολουθία ἔκτασι ψυχικὴ καὶ πᾶσα ἔκτασι ψυχικὴ ἀριθμητικὴ ἀκολουθία.

ωκα´. Ἐπειδὴ ὅ,τι καλεῖται συνειδὸς πηγάζει ἀπὸ τὴν δυάδα, ῥιζώνει ᾽ς τὴν δυάδα καὶ εἶναι δυάδα, εἶναι φανερὸ ὅτι τὸ συνειδὸς ᾽δὲν εἶναι ἡ ἀκρότητα τῆς ψυχῆς, ἀλλ᾽ ἐκεῖνο τὸ ὁποῖο εἶναι ἀνάγκη ἀκριβῶς ᾽νὰ ὑπερβαθῇ, ὥςτε ᾽νὰ ἐγγισθῇ ἐκείνη ἡ ἀκρότητα.

ωκβ´. Εἶναι ἀδύνατον ᾽ν᾽ ἀναχθῇ ἡ ψυχὴ ᾽ς τὸ πάμφωτο, τὸ πάγκαλο καὶ πανέραστο, ἐὰν ἔστω καὶ ἕνα ἴχνος ἀδικίας, κακίας ἢ ἀναρμοστίας μένει ἐντός της.

ωκγ΄. Οὔτε ἡ μονάδα οὔτε ἡ δυάδα εἶναι κατ᾽ ἐμᾶς τοὺς Πλατωνικοὺς ἀριθμοί, ἀλλὰ ἡ μὲν ἡ ἀρχὴ τῆς ἑνότητας καὶ τῆς ταυτότητας, ἡ δὲ τοῦ πλήθους καὶ τῆς ἑτερότητας, πρῶτος δὲ ἀριθμὸς ἡ τριάδα ὡς ἔχουσα ἀρχή, μέση καὶ τέλος.

ωκδ΄. Εἶναι ἀναγκαῖο ᾽νὰ ἐνθυμούμαστε ὅτι εἴμαστε ὄντως μόνον τὸ θεῖο καὶ αἰώνιο ἐντός μας πέριξ τοῦ ὁποίου ἀναφύεται ἡ ψυχή, ὅτι τὸ σῶμα εἶναι τὸ ζῷο μὲ᾽ τὸ ὁποῖο συζοῦμε κατὰ τὴν ἐπίγεια ζωή μας καὶ ὅτι ὅλη ἡ ἀταξία καὶ ἀλογία τῆς ψυχῆς γεννᾶται ἀπὸ τὴν νεῦσι τοῦ θείου καὶ αἰώνιου πρὸς τὸ σῶμα, μὲ᾽ τὸ ὁποῖο μέλλει τελικῶς ᾽ν᾽ ἀπολεσθῇ.

ωκε΄. Καίτοι ᾽ς τὸν αἰσθητὸ κόσμο -τοὐλάχιστον κατὰ τὴν ἐν ἐγρηγόρσει ἀντίληψι τῆς ψυχῆς- τὸ μέρος εἶναι μικρότερο ἀπὸ τὸ ὅλον, 'ς τὸν νοητὸ μέρος καὶ ὅλον εἶναι ἴσα.

ωκς΄. Ὅσο καὶ ἂν ἡ ἔκπτωτη ψυχὴ εὐλόγως δυσανασχετῇ ἀπὸ τὴν ἐπαφή της πρὸς τὸ σῶμα καὶ τὴν ὕλη, μὴ λησμονῇ ὅτι ὁ αἰσθητὸς κόσμος 'ς τὸν ὁποῖον ἔχει ἐκπέσει 'δὲν εἶναι μόνον ἡ ἐμφάνεια ἑνὸς θεοῦ, ἀλλὰ θεὸς ἀληθινός.

ωκζ΄. Ἐπειδὴ εἴμαστε ἡ σκοπιὰ ἀπὸ τὴν ὁποίαν θεωροῦμε τὰ πράγματα -αἰσθητά, μαθηματικὰ ἢ νοητά- ἡ ζωὴ τοῦ ἀληθινοῦ, ἐσώτατου ἑαυτοῦ μας 'δὲν εἶναι ἄλλο εἰ μὴ θεωρία.

ωκη΄. Ἡ τάξι, ἡ συμμετρία καὶ ἡ ἁρμονία τοῦ αἰσθητοῦ κόσμου εἶναι οἱ ἐνδείξεις τῆς ὑποκείμενης αὐτοῦ ὑπέρνοης καὶ ὑπεραίσθητης ἑνότητας.

ωκθ΄. Καίτοι στενοχωρεῖται ὁ νοῦς τῆς ψυχῆς ὁπότ' ἐξαναγκάζεται 'νὰ σταθῇ ἥσυχα καὶ σιωπηλὰ 'ς ἕνα ση-

μεῖο, διὰ τῆς στάσεως καὶ τῆς στενο-
χωρίας του ἀπελευθερώνεται, ἐξανοί-
γεται, ἐξαπλώνεται, τὰ δὲ ὅριά του ἐξ-
απόλλυνται ἐντελῶς.

ωλ΄. Μὴ μᾶς λανθάνῃ ὁ βαθὺς λόγος
τοῦ μεγάλου Πρόκλου ὅτι ἡ γέννησι
εἶναι καταδεέστερη τῆς ἐκφάνσεως.

ωλα΄. Ἡ ὑπέρσεπτη καὶ ὑπέρθεη πηγὴ
τοῦ πρώτου ὄντος ᾽δὲν εἶναι ἄλλο ἀπὸ
τὴν ἀπρόσιτη καὶ ἀπροσμέτρητη ἐκεί-
νην ἄβυσσο ἐντὸς τῆς ὁποίας ἀκόμη
καὶ ὁ θεῖος νοῦς ἀπολλύει τὸν ἑαυτό
του.

ωλβ΄. Εἶναι εὔλογο, ἕνεκα τῆς παχύτη-
τας τῆς ὕλης καὶ τῆς σωματικῆς ἀντι-
τυπίας, οἱ τέλειες σφαῖρες τοῦ νοητοῦ
κόσμου ᾽νὰ ἐκφαίνωνται ᾽ς τὸν αἰσθη-
τὸ πεπλατυσμένες, οἱ δὲ κυκλικὲς τρο-
χιὲς ἐλλειπτικές.

ωλγ΄. Ἐπειδὴ ἡ ἀλήθεια εἶναι ἡ ἐμφά-
νεια τοῦ ὄντος ἡ ὁποία εἶναι ἀδύνατον

ʼνʼ ἀνευρεθῇ ʼς τὰ γενητὰ καὶ φθαρτά, ὅ,τι καὶ ἂν λέγεται, οὐδέποτε θὰ ὑπάρξῃ ἐπιστήμη τοῦ αἰσθητοῦ κόσμου, ἀλλὰ μόνον ἐφήμερες εἰκασίες καὶ δοξασίες, σκιὲς καὶ φαντάσματα τῆς ἀληθείας τῶν νοητῶν.

ωλδʹ. Ὁποτεδήποτε ἐγγίζει ἡ ψυχὴ τὸ κατὰ τὸ πλῆθος ἄπειρο, συναπαντᾷ τὸ ὑποκάτω τοῦ ὄντος μὴ ὄν, ὁποτεδήποτε δὲ τὸ κατὰ τὴν δύναμι, τὸ ὑπεράνω.

ωλεʹ. Ὅ,τι εἶναι διὰ τοὺς σοφοὺς Ἰνδοὺς τὰ ἱερὰ διαγράμματά τους, εἶναι δι᾽ ἡμᾶς τοὺς Πλατωνικοὺς ἡ ἀριθμητική, ἡ γεωμετρία καὶ ἡ ἁρμονική.

ωλςʹ. Τὸ ἔλλογο μόριο τῆς ψυχῆς, ὅπως οἱ ἀριθμοί, εἶναι μία εἰκόνα τῆς ἑνότητας τῆς πρώτης ἀρχῆς, τὸ δὲ ἄλογο, ὅπως ἡ ἀριθμητικὴ ἀπειρία, τῆς ἀπειροδυναμίας της.

ωλζʹ. Ἰδοὺ τινὰ ἅγια τῶν ἁγίων ἡμῶν τῶν Πλατωνικῶν· ἡ θεωρία τοῦ αἰσθητοῦ κάλλους, ἡ γεωμετρία τῆς σφαίρας, ὁ ἀναποδισμὸς τοῦ ἀριθμοῦ 'ς τὴν μονάδα, ἡ μελέτη τῶν κωνικῶν τομῶν, ἡ ἀκρεοφαγία, ἡ ἀρετὴ ὡς ἁρμονία, ἡ θεωρία τῶν ἰδεῶν, ἡ τετρακτὺς ὡς θεϊκὸ νοητὸ παράδειγμα, ἡ δικαιοσύνη, ὁ ψυχικὸς ἐνισμός, ἡ ἀναγωγή.

ωλη΄. Οὔτε πάθος εἶναι ἐκεῖ οὔτε εἶξι οὔτε ἀντιτυπία, ἀλλὰ μόνον ἐνέργεια, πλησμονὴ καὶ ὑποδοχή.

ωλθ΄. Διανοεῖται ὀρθὰ καὶ ἁρμονικὰ ἡ διάνοια τῆς ψυχῆς ὅταν κινῆται κατὰ μία ἀπὸ τὶς ἕξι ὀρθὲς μεσότητες, ὅταν δὲ μή, ἀνάρμοστα καὶ αἰσχρά.

ωμ΄. Ἐπειδὴ ὅσο εἴμαστ' ἐμεῖς, εἴμαστε πάντα χωρισμένοι, ἐνωνόμαστε μὲ' τὸ πρῶτο μόνον ἔχοντας γίνει ἤδη ἐκεῖνο.

ωμα΄. Τὸ σῶμα εἶναι ἕνας ἐφήμερος συσκοτισμὸς τῆς ψυχῆς, μία ἐφήμερη σκίασί της, ἡ ὁποία παρεισφρέοντας ἔξωθεν παρεμποδίζει τὴν κύρια ἐνεργειά της, τὴν θεωρία, ἐκθαμβώνοντας καὶ συσκοτίζοντάς την.

ωμβ΄. Ἐφ᾽ ὅσον ἐντὸς τοῦ νοῦ ὑπάρχει μόνον ἄχρονη καὶ ἀνέκτατη ταυτότητα καὶ ἑτερότητα, εἶναι προφανὲς ὅτι ἡ ἔκτασι καὶ ὁ χρόνος ἀπογεννῶνται ᾽ς τὴν ψυχὴ κατὰ τὴν ἀπομάκρυνσί της ἀπὸ τὸν νοῦ καὶ τὴν αἰώνια ἔξοδο ἀπὸ τὸν ἑαυτό της.

ωμγ΄. Οὐαὶ καὶ ἀλλοίμονο ᾽ς ὅ,τι ἀποπίπτει ἀπὸ τὸν ἀριθμό.

ωμδ΄. Τὸ ὑπεράληπτο, ὑπεράγνωστο καὶ ὑπεράφραστο ἐμφαίνεται ἐντός μας ἄλλοτε ὡς ἑνότητα, ἄλλοτε ὡς ἄπειρο, ἄλλοτε ὡς ὅλον καὶ ἄλλοτε ὡς μηδέν.

ωμε΄. Ἐπειδὴ ὁ αἰσθητὸς κόσμος εἶναι ὁ λόγος τῆς συμπαντικῆς ψυχῆς, θεωρῶντας τον ὀρθὰ θεωροῦμε τὴν ἴδια τὴν ἔκτασί της, τ᾽ ἀφανῆ μαθηματικά της ὑποτυπώματα, τὸν θεῖο νοῦ, τὸ νοητὸ παράδειγμα, μέχρι καὶ τὴν ἑνότητα ἀπὸ τὴν ὁποίαν ἔχει ἐκπορευθῆ.

ωμς΄. Μήτε τόπος ἀναμένεται ᾽ν᾽ ἀπαντηθῆ κατὰ τὸ τέλος τῆς πορείας μήτε διάστασι μήτε χρόνος μήτ᾽ αἰωνιότητα μήτε νοῦς μήτε ψυχὴ μήτε ζωὴ μήτε θάνατος μήτε κενότητα μήτε πληρότητα μήτε ὁλότητα μήτε ἑνότητα μήτε ὕπαρξι μήτε ἀνυπαρξία.

ωμζ΄. Πᾶσα ἐγκόσμια, ἐπίγεια, ἐνσώματη ζωὴ ᾽δὲν εἶναι ἄλλο παρὰ ἕνα ἀκόμη ὄνειρο τῆς μεριστῆς ψυχῆς.

ωμη΄. Ἡ θεωρία τῆς ὑλικῆς ἀοριστίας ἀπὸ τὴν ψυχὴ ὁμοιάζει πρὸς μίαν ἰλιγγιώδη ἀπόπτωσι ᾽ς ἀπείρως ἄπειρα ἄπειρα, ἄπειρες φορές.

ωμθ΄. Ἡ μετάβασι ἀπὸ τὴν μονάδα ᾽ς τὸ ἕνα, ἀπὸ τὴν δυάδα ᾽ς τὸ δύο, ἀπὸ τὴν τριάδα ᾽ς τὸ τρία καὶ οὕτω κάθεξῆς, καταδεικνύει τὴν πτῶσι ἀπὸ τὸ νοητικὸ ᾿ς τὸ μαθηματικὸ καὶ ψυχικὸ καὶ ἀπὸ ἐκεῖ ᾿ς τὸ αἰσθητό.

ων΄. Ἐὰν ἔχουμε ἀσκηθῆ ᾿ς τὴν ὀρθὴ θεωρία, τὰ πάντα, τόσο ἐντὸς τοῦ αἰσθητοῦ κόσμου ὅσο καὶ ἐντὸς τῆς ψυχῆς, μᾶς φανερώνουν τὴν ἑνότητα ὡς αἰτία καὶ ἀρχή τους.

ωνα΄. Ἕνεκα τῆς ἀπειρίας του τὸ ἕνα ὑπερβαίνει τὸ πέρας, ἕνεκα δὲ τῆς ἑνικότητάς του τὸ ἄπειρο.

ωνβ΄. Εἶναι εὔλογο ᾿νὰ ὑπολαμβάνουμε τὸ θεῖο ὡς πρόσωπο ὄντας πρόσωπα κατὰ τὴν ἐνσώματη ζωή μας· χρειάζεται ὅμως ᾿νὰ ὑπερβοῦμε τούτη τὴν ὑπόληψι ὅσο καὶ τὴν ἐνάντιά της, διότι τὸ θεῖο οὔτε ἀπρόσωπο εἶναι οὔτε πρόσωπο, ἀλλ᾿ ὑπεράνω καὶ τοῦ προςώπου καὶ τῆς ἀπροςωπίας.

ωνγ΄. Σιωπῶντας καὶ ἡσυχάζοντας ἡ τριάδα ψυχὴ ἀναστρέφεται ᾿ς τοὺς δύο ἀρχαίους γεννήτορές της, τὴν μονάδα καὶ τὴν δυάδα, ἀναπαυόμενη 'ς τὸ ἄπειρο ἐκεῖνο καὶ ἑνιαῖο, τὸ πρῶτο δηλαδὴ ἀπογέννημά τους.

ωνδʹ. Τὸ ὑπερούσιο ἕνα, ἡ ἀναίτια αἰτία, ἡ ἄρρητη ἀρχὴ εἶναι συνάμα ἡ ὑπερύψηλη ἀκρότητα πάσης ὑπάρξεως καὶ ὁ ὑπεράβυσσος βυθός της.

ωνεʹ. Ὅσο περισσότερο κοινωνοῦμε 'ς τὸ αἰώνιο ἐντός μας, τόσο περισσότερο ἀλλοτριωνόμαστε ἀπὸ τὸ σῶμα, τὰ ἐγκόσμια πάθη καὶ τὶς ἐπιθυμίες μας, ἀντιλαμβανόμενοι πόσο μικρὴ καὶ ἀσήμαντη εἶναι τούτη ἡ κωμωδοτραγῳδία τῶν ἐγκοσμίων.

ωνϛʹ. Πηγὴ καὶ αἰτία τοῦ λόγου εἶναι ὄχι ἡ ἄλογη ἐναντίωσί του, ἀλλʹ ἡ ὑπέρλογη, ὑπέρνοη, ὑπεράριθμη ἀρχή.

ωνζʹ. Χρειάζεται ʹνὰ κατανοηθῇ ὅτι ἀποστροφὴ τοῦ αἰσθητοῦ κόσμου (λέγω τοῦ εἴδους του καὶ ὄχι τῆς γενέσε-

ως ἢ τῆς φθορᾶς του), σημαίνει καὶ ἀ-
ποστροφὴ τοῦ νοητοῦ.

ωνη΄. Μόνον ὅσες ψυχὲς ἔζησαν ἁρ-
μονικά (ἤτοι ὅσια καὶ δίκαια) λαμβά-
νουν κατὰ τὴν μετενσωμάτωσί τους
σώματα ἀνθρώπινα· οἱ λοιπὲς καταπί-
πτουν 'ς τὴν ἀναρμοστία (ἤτοι ἀνοσι-
ότητα καὶ ἀδικία) τῶν ζωικῶν καὶ φυ-
τικῶν.

ωνθ΄. Ἐπειδὴ ἂν καὶ ἀειδές, τὸ θεῖο
συχνὰ ἐκφαίνεται ὡς φῶς, τὸ φῶς ὑ-
πολαμβάνεται ἐσφαλμένως ὡς ἡ πρώ-
τιστη καὶ ἀληθινή του φύσι.

ωξ΄. Ὅπως μεταξὺ τῶν ῥητῶν ἀρι-
θμῶν χάσκει τὸ ἄπειρο τῆς ἄρρητης ἀ-
ναριθμησίας, ὁμοίως καὶ μεταξὺ τῶν
νοήσεων καὶ τῶν λογισμῶν τῆς ψυχῆς
ἡ ἀλογία καὶ ἀμετρία τῆς ἐπιθυμίας
καὶ τοῦ θυμικοῦ.

ωξα΄. Ἐὰν τὸ ἀγαθὸ βιωθῇ ἔστω καὶ
μία φορά, διάγονται πλέον ὄχι μία,

ἀλλὰ δύο ζωές, ἡ ἐνσώματη καὶ ἡ ἰδική του.

ωξβ΄. Κατὰ τὴν ἐρωτική της διάνοιξι ἡ ψυχὴ ἐναγκαλίζεται ἀδιακρίτως τὰ πάντα, ἀδιαφορῶντας ἂν ἦναι ἀγαθὰ ἢ κακά, καλὰ ἢ αἰσχρά, ἡδέα ἢ λυπηρά.

ωξγ΄. Καίτοι ἀνεπιγνώστως μετέχουμ᾽ αἰωνίως τοῦ ἑνός, εἶναι ἀνάγκη ᾽νὰ μετέχουμε καὶ ἐπιγνώστως (μετέχουμε δὲ ἐπιγνώστως ὁπόταν φιλοσοφοῦμε), ὥστε ᾽νὰ ἐξομοιώνεται ἡ διάνοιά μας πρὸς τὸν θεῖο νοῦ καὶ ᾽νὰ βιώνεται ἡ νοητὴ ζωή του.

ωξδ΄. Πρῶτα ἡ ψυχή, ὡςὰν ᾽νὰ ἐκπνέῃ, ὑπολαμβάνει ὅτι εἶναι ὅλα ὅσα ἀντιλαμβάνεται νοητικά, διανοητικὰ καὶ αἰσθητικά, ἔπειτα, ὡςὰν ᾽νὰ εἰςπνέῃ, κἀνένα ἀπὸ αὐτά.

ωξε΄. Νοῦς εἶναι ἡ συναίσθησι μιᾶς ἐσωτερικότητας, ψυχὴ δὲ ἡ ἔκτασι αὐ-

τῆς τῆς συναισθήσεως κατὰ τὴν ὁποί-
αν τὸ ἔσω ὑπολαμβάνεται ὡς ἔξω.

ωξς΄. Ὅρος τῆς ἑνώσεως πρὸς τὸ ἀ-
γαθὸ εἶναι ὁ ἑνισμὸς τῆς ψυχῆς, ὅρος
τοῦ ἑνισμοῦ ἡ συναγωγὴ τῶν δυνάμε-
ών της, ὅρος τῆς συναγωγῆς ὁ συνα-
γερμὸς ἀπὸ τὸ σῶμα, ὅρος δὲ τοῦ συν-
αγερμοῦ ἡ γνῶσι τῆς φύσεώς της.

ωξζ΄. Ὅπως διαφέρει τὸ ἕνα πρὸ τῶν
ἀριθμῶν ἀπὸ τὸ ἕνα ὡς ἀριθμό, ὁμοί-
ως καὶ τὸ ἀδιάστατο σημεῖο ἀπὸ τὸ
σημεῖο τὸ τριχῇ διαστατό.

ωξη΄. Ὁ ἔξω τόπος τῆς ψυχῆς προςο-
μοιάζει τὸν ἄπειρο καὶ ἐπίπεδο, ὁ ἔσω
τὸν ἄπειρο καὶ ὑπερβολικό, ὁ τόπος δὲ
τοῦ νοῦ τὸν σφαιρικὸ καὶ πεπερασμέ-
νο.

ωξθ΄. Ἄλλοτε ἐμφαίνεται ὡς σημεῖο,
ἄλλοτε ὡς διάστασι, ἄλλοτε ὡς ἐπίπε-
δο, ἄλλοτε ὡς χῶρος, ἄλλοτε ὡς χρό-
νος, ἄλλοτε ὡς ἄπειρο, ἄλλοτε ὡς τὰ

πάντα, ἄλλοτε ὡς τί ποτε.

ωο΄. Ἀποκαθαίρεται ἡ ψυχὴ κατὰ τὴν θεωρία της τοῦ αἰσθητοῦ κόσμου ὁπόταν συναισθάνεται τὴν ἱερότητα τῶν τεσσάρων στοιχείων του, τοῦ πυρός, τοῦ ἀέρος, τοῦ ὕδατος καὶ τῆς γῆς, ἀλλὰ καὶ τῶν ἰδιοτήτων πρὸς τὰ ὁποῖα εἶναι συνδεδεμένα, ὅπως ἡ στερεότητα καὶ ἡ ῥευστότητα, ἡ πυκνότητα καὶ ἡ ἀραιότητα, ἡ θερμότητα καὶ ἡ ψυχρότητα.

ωοα΄. Ἡ ἀπειροδυναμία τῆς ψυχικῆς ἐκτάσεως ἐξεικονίζεται ἐπακριβέστατα 'ς τὶς ἄπειρες ἀκολουθίες τῶν ἀριθμῶν.

ωοβ΄. Ἀρχὴ τοῦ κακοῦ διὰ τὴν ψυχὴ εἶναι ἡ ἐπιθυμία της 'νὰ ὑπάρχῃ χωριστὰ ἀπὸ τὴν πηγή της, ἐπιθυμία γεννημένη ἀπὸ τὴν ἴδια της τὴν φύσι, ἡ ὁποία προαιωνίως μετέχει 'ς τὴν ἑτερότητα.

ωογ΄. Οἱ παραδεκτοὶ ἀπὸ ἐμᾶς τοὺς Πλατωνικοὺς εἰδητικοὶ ἀριθμοί (ἡ μονάδα καὶ ἡ δυάδα, ἡ τριάδα καὶ ἡ τετράδα, ἡ πεντάδα καὶ ἡ ἑξάδα, ἡ ἑπτάδα καὶ ἡ ὀκτάδα, ἡ ἐννεάδα καὶ ἡ δεκάδα) εἶναι ἀρχὲς ὄχι μόνον τῆς ποσότητας καὶ τῆς ποιότητας, ἀλλ᾽ ἁπασῶν τῶν ἰδιοτήτων.

ωοδ΄. Ἔχοντας σταθῆ ψυχικὰ καὶ νοητικὰ ἀνακαλοῦμε ᾽ς τὸν νοῦ μας τὴν μία μετὰ τὴν ἄλλην τὶς ἔννοιες τοῦ ἀσκέδαστου, τοῦ ἀπλήθυντου καὶ τοῦ ἀμέριστου, τοῦ ἄμορφου, τοῦ ἄυλου καὶ τοῦ ἀμεγέθους, τοῦ ἄογκου, τοῦ ἀδιάστατου καὶ τοῦ ἀνέκτατου, διήκοντας ἕως τὸ ἄπολυ, τὸ ἑνιαῖο καὶ τὸ ἁπλό.

ωοε΄. Καίτοι τόσο ὁ νοῦς ὅσο καὶ τὸ ἕνα παρεῖναι αἰώνια ἐντὸς τῆς ψυχῆς, μόνον ἔχοντας καθαρθῆ ἠθικὰ καὶ διανοητικὰ διὰ τῆς φιλοσοφίας (ἤτοι καὶ κατὰ τὸ ἄλογο καὶ κατὰ τὸ λογικό μας μέρος) ἐπιτυγχάνουμε τελικῶς ᾽νὰ τὰ συναισθανθοῦμε.

ωος΄. Ὅπως τὸ κέντρο τοῦ κύκλου ἀ-κινητεῖ καὶ ἡσυχάζει ἀκόμη καὶ ἂν ὁ κύκλος περιστρέφεται, παρομοίως καὶ τὸ κέντρο τῆς ψυχῆς, ὅσο βαθιὰ καὶ ἂν τὰ τρία μέρη της ἐμβαπτίζωνται 'ς τὴν γένεσι.

ωοζ΄. Ἡ μὲν ψυχὴ συναπαντῶντας τὸ σῶμα μερίζεται, πληθύνεται καὶ σκε-δάννυται, τὸ δὲ σῶμα χάρι 'ς αὐτὸν τὸν μερισμό, πληθυσμὸ καὶ σκεδασμὸ προςκτᾶται τὴν ἑνότητά του.

ωοη΄. Ἡ ἀληθινὴ μακαριότητα πηγά-ζει πάντοτε ἔσωθεν, ἀπὸ τὴν ἐπιστρο-φὴ 'ς τὸν ἑαυτὸ καὶ τὴν μακάρια πηγή του, οἱ δὲ ἔξωθεν ἡδονὲς 'δὲν εἶναι ἄλλο ἀπὸ σκιές, εἴδωλα καὶ φαντά-σματά της.

ωοθ΄. Ἐνδέχεται 'νὰ νομισθῇ ὅτι κατὰ τὸν ἐνισμὸ παύουμε πλέον 'νὰ ὑπάρ-χουμε, ἐν ᾧ ἁπλῶς ὑπάρχουμε κατ' ἄλλον τρόπο, ἀληθινώτερο καὶ καθο-λικό.

ωπ΄. Ὑπολαμβάνοντας ἀληθῆ καὶ τὴν ψυχή (καίτοι ὑπόβασι τοῦ νοῦ) καὶ τὸν αἰσθητὸ κόσμο (καίτοι ὁμοίωμα τοῦ νοητοῦ), ὑπάρχουμε ὡς μεσότητα δύο ἀκροτήτων, ἐκείνης κατὰ τὴν ὁποίαν ὑφίσταται ψυχὴ ἀλλὰ ὁ αἰσθητὸς κόσμος εἶναι ἀνυπόστατος καὶ τῆς ἐνάντιάς της.

ωπα΄. Ὁ ἀριθμὸς ὄχι μόνον ἀπογεννᾷ τὰ ὄντως ὄντα μερίζοντας τὴν ἀρχικὴν οὐσία, ἀλλὰ συνέχοντας καὶ περιβάλλοντάς τα ἀποτελεῖ συνάμα καὶ τὴν θεία ὑποδοχή τους.

ωπβ΄. Πᾶσα ἡ ψυχὴ εἶναι δυνατὸν 'νὰ ἐκφρασθῇ μαθηματικῶς, κατὰ τὸ λογικό της μέρος διὰ τοῦ περατοῦ, διακριτοῦ καὶ καθωρισμένου, κατὰ δὲ τὸ ἄλογο διὰ τοῦ ἀπείρου, συνεχοῦς καὶ ἀκαθορίστου.

ωπγ΄. Ἐπειδὴ ὁποτεδήποτε θεωροῦμε, ὑπάρχουμε νοητικά, ὁποτεδήποτε δὲ πράττουμε, σωματικά, ἀποφεύγοντας κατὰ τὸ δυνατὸν τὴν πρᾶξι καὶ ζῶντας θεωρητικά, διάγουμε ἤδη ἀπὸ τούτην τὴν ζωὴ ὡς ἀμιγεῖς, ἀγαθοὶ νόες.

ωπδ΄. Ὄντας ἑνιαῖο μένει 'ς τὸ ἑαυτό του, ὄντας ἀπειροδύναμο προοδεύει, ὄντας ἑνιαῖο συνάμα καὶ ἀπειροδύναμο ἐπιστρέφει.

ωπε΄. Ἡσυχάζοντας ἀνοιγόμαστε 'ς τὸ λαμπρὸ φῶς τῆς θεότητάς του, 'ς τὴν πανταχοῦ παροῦσα ἀπουσία του, 'ς τὴν ὁλότητα τῆς ἀπειρίας του, 'ς τὰ πάντα καὶ 'ς τὸ τί ποτε.

ωπϛ΄. Ἐπειδὴ ὅταν αἰσθανώμαστε, τὸ αἰσθητὸ εἶναι ἐκτός μας, ὅταν δὲ νοοῦμε, τὸ νοητὸ ἐντός μας, ἡ αἴσθησι φαίνεται 'νὰ μὴ ἦναι τί ποτε ἄλλο ἀπὸ μίαν ἔκστασι τῆς νοήσεως.

ωπζ΄. Πρὶν ὁ αἰσθητὸς κόσμος ἐκφανῇ 'ς τὶς αἰσθήσεις εἶχε ἤδη προτυπωθῇ νοητῶς ὑπὸ τοῦ θείου νοῦ καὶ ὑποτυπωθῇ μαθηματικῶς ἐντὸς τῆς ψυχῆς.

ωπη΄. Μόνον ἂν παύσουμε 'νὰ ὑπάρχουμε μεριστῶς -δηλαδὴ κατὰ τὸν τρόπο μας- καὶ ἀσκηθοῦμε 'νὰ ὑπάρχουμ' ἐνοειδῶς -δηλαδὴ κατὰ τὸν τρόπο τοῦ ἑνός- θὰ τὸ συναπαντήσουμε.

ωπθ΄. Κατὰ τοὺς σωματικούς της θανάτους ἡ ψυχὴ ἐπαναγίνεται ἕνα ἐλαφρύ, ἀδιάστατο, ἄχρονο ὅλον, ἀποβάλλοντας πρῶτα τὴν παχύτητα καὶ τὴν βαρύτητα τοῦ σώματος, ἔπειτα τὸν χρόνο καὶ τὴν διάστασι τὴν τοπική, τέλος δὲ τὴν μερικότητα καὶ τὴν ἀλογία.

ωϟ΄. Ἐπειδὴ τὸ νοητὸ εἶναι τὸ ἀνέκφαντο, τὸ ψυχικὸ τὸ ἐκφαντικὸ καὶ τὸ αἰσθητὸ τὸ ἐκφαντό, ἐπειδὴ δὲ ὅ,τι ἰσχύει διὰ τὸ ψυχικὸ ἰσχύει καὶ διὰ τὸ μαθηματικό (ὅτι δηλαδὴ εἶναι καὶ ἐκεῖνο μέσο τῶν νοητῶν καὶ τῶν αἰσθητῶν, ἀλλὰ καὶ ἐκφαντικό), συνεπάγεται ὅτι τὸ ψυχικὸ καὶ τὸ μαθηματικὸ 'δὲν εἶναι δύο, ἀλλὰ ἕνα.

ωϟα΄. Ὅ,τι ἀπὸ τοὺς πολλοὺς καλεῖται ἀνυπαρξία, ἀπὸ ἐμᾶς τοὺς Πλατωνικοὺς ὑπολαμβάνεται ἄπειρη ὕπαρξι.

ωϟβ΄. Κατερχόμενοι ἀπὸ τὸ ἕνα ᾿ς τὰ πολλὰ συναπαντοῦμε τὴν ἀπειρία ὡς πλῆθος, ἀνερχόμενοι ἀπὸ τὰ πολλὰ ᾿ς τὸ ἕνα τὴν ἐπαναπαντοῦμε ὡς δύναμι, διὰ τοῦ διαλογισμοῦ της δὲ ὡς δυνάμεως πλησιάζουμε ᾿ς τὸν θεό, διὰ δὲ ὡς πλήθους τοῦ ἀπομακρυνόμαστε.

ωϟγ΄. Εἶναι ἀνάγκη ᾿νὰ μὴ παρορᾶται ἀπὸ τὴν ψυχὴ τὸ μυστήριο τοῦ αἰσθητοῦ κάλλους, διότι ὄντας ἡ συνεχὴς ὑπόμνησι τῆς ὑπερουράνιάς της πατρίδας, ἀποτελεῖ τὴν ἀφορμὴ τῆς ἐπανόδου της.

ωϟδ΄. Εἶναι ἕνα σημεῖο (ἂς τὸ εἰποῦμε σημεῖο) ἐπέκεινα τοῦ ὁποίου ἀπόλλυται πᾶσα διάκρισι, ὅ,τι δὲ βιώνεται ἐκεῖ εἶναι κἄτι ὡςὰν ἄπειρη ἑνότητα ἢ ἑνοειδὴς ἀπειρία.

ωιε΄. Εἴτε χωρισμένο ἀπὸ τὰ πάντα ἀντιληφθοῦμε τὸ πρῶτο καὶ τιμιώτατο εἴτε ἀχώριστο, 'δὲν ἀντιλαμβανόμαστε ἐκεῖνο, ἀλλὰ ἕνα ἀκόμη πλάσμα τῆς φαντασίας μας.

ωιϛ΄. Ἡ ἔνδον ἀπειρία, ἡ ἔνδον ἀλογία, ἡ ἔνδον ἀοριστία 'δὲν εἶναι ἄλλο ἀπὸ τὸ ἴχνος τῆς δυάδας ἐντὸς τῆς ψυχῆς, ἡ τρόπον τινὰ ὕλη της, τὴν ὁποία τὸ ἔλλογό της μέρος διαπλάττει, διαρθρώνει καὶ διακοσμεῖ.

ωιζ΄. Ἀφήνοντας τὸ πλῆθος καὶ τὸν μερισμὸ καὶ ἀναγόμενη 'ς τὴν ἀμέρεια καὶ τὴν ἑνότητα, ἡ ψυχὴ ἀκινητεῖ, ἡσυχάζει καὶ ἀναπαύεται, αἰφνιδίως δέ, ἀνεννοήτως καὶ μυστικῶς εἰσέρχεται εἰς μίαν κατάστασι τέλειας ἀγνωσίας, ἀρρησίας καὶ ἀκατανοησίας, ἐπέκειν' ἀκόμη καὶ τῆς ἑνότητας.

ωιη΄. Ὄντας ἀπειροδύναμο διεισδύει παντοῦ διαρθρώνοντας τὰ πάντα, περατώνοντας τ' ἄπειρα, διατάσσοντας

τ' ἄτακτα, καθορίζοντας τ' ἀκαθόρι-
στα, χάρι δὲ 'ς αὐτὸ ὁρᾶται πέρας 'ς
τὴν ἀπειρία, τάξι 'ς τὴν ἀταξία, ὅριο
'ς τὴν ἀοριστία καὶ ἀριθμὸς 'ς τὴν ἀ-
μετρία.

ωήθ΄. Εἶναι μία ἄπειρη ἡσυχία πλατιὰ
καὶ βαθιὰ κατὰ τὴν ὁποίαν τί ποτε
πλέον 'δὲν διακρίνεται, οὔτε κἂν τὸ ὑ-
ποστατὸ ἀπὸ τὸ ἀνυπόστατο, τὸ εἶναι
ἀπὸ τὸ μὴ εἶναι, ἡ ὕπαρξι ἀπὸ τὴν ἀ-
νυπαρξία.

ϡ΄. Τὰ πάντα νεύουν καὶ προςεύχονται
-γνωρίζοντάς το ἢ μή- 'ς τὴν ὑπέρτα-
τη, ὑπεράχραντη μονάδα, προςβλέπον-
τας 'ς τὴν ἀδιάσπαστη, ἀπερίληπτη, ἀ-
περινόητην ἑνότητα.